A arte de receber

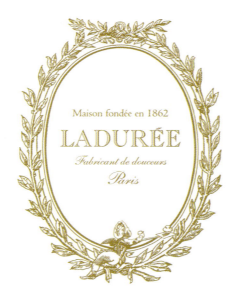

A arte de receber

CHEF CONFEITEIRO: VINCENT LEMAINS
COZINHEIRO-CHEFE: MICHEL LEROUET
FOTOGRAFIA: MARIE-PIERRE MOREL
FOOD DESIGN: MINAKO NORIMATSU

Uma arte a ser compartilhada

A França tem a reputação de ser um dos países do mundo onde se come melhor, um país onde a arte de receber faz parte do patrimônio nacional, graças ao talento dos nossos artistas e às nossas belas fábricas e manufaturas no segmento de utensílios de mesa e decoração.

Por essa razão, a Maison Ladurée atribui grande importância à decoração e à apresentação, com as quais temos um cuidado muito especial, bem como com todos os nossos saborosos produtos doces e salgados, que há anos nos dão muito orgulho. É essa arte de receber que cultivamos como herança por meio da abertura de lojas Ladurée em várias partes do mundo e que os estrangeiros tanto admiram.

Para que a nossa bela Arte de Receber perdure – apesar da atmosfera de urgência e da velocidade do nosso cotidiano e, muitas vezes, da ausência de transmissão do legado familiar – e também para evitar a costumeira preocupação com a ideia de organizarmos um jantar de gala, um jantar romântico, um piquenique chique, um jantar de negócios ou um simples almoço de família, quisemos reunir, como faziam antigamente nos cadernos amarelados das nossas avós, tudo o que nos parece ser parte de uma recepção benfeita.

Neste livro, propomos recomendações, sugestões e algumas dicas que irão possibilitar que os seus eventos, sejam eles programados ou não, tornem-se momentos prazerosos, repletos de detalhes requintados, servidos de forma impecável. Com o tempo, as nossas sugestões farão parte do seu legado e terão a mesma importância das receitas de família que passam de pai para filho, de geração a geração.

Um livro bem ao estilo Ladurée: para ser compartilhado...

Sumário

Uma arte a ser compartilhada
Página 5

CAFÉS DA MANHÃ
Página 8

BRUNCHES ENTRE AMIGOS
Página 40

PIQUENIQUES CHIQUES
Página 72

ALMOÇOS EM FAMÍLIA
Página 104

LANCHES
Página 136

BUFÊ DE JANTAR
Página 168

JANTARES ROMÂNTICOS
Página 200

JANTARES DE INVERNO
Página 232

JANTARES DE GALA
Página 264

Índice de receitas
Página 296

Livro de ouro
Página 300

Vincent Lemains, chef confeiteiro
Michel Lerouet, cozinheiro-chefe
Página 315

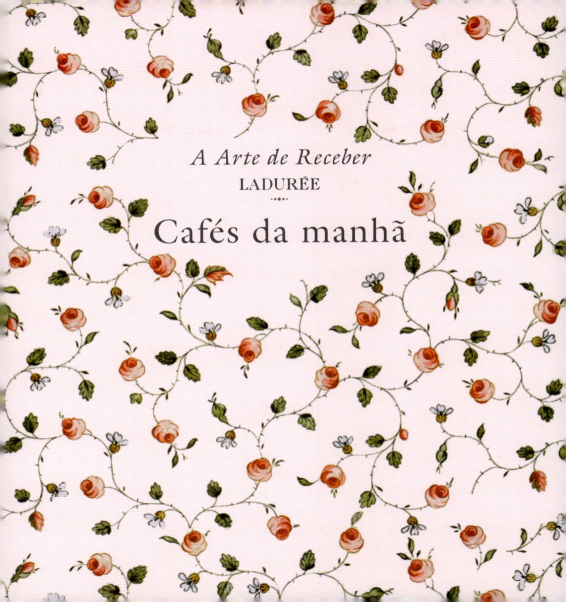

A Arte de Receber
LADURÉE

Cafés da manhã

CAFÉ DA MANHÃ EGOÍSTA

·•●•·

Omelete Concorde (Omelete Concórdia)

Ovos pochê com bacon

Sanduíche finger com queijo branco e ervas frescas

Queijo brie de Melun com amêndoas

Compota de maçãs-ruibardo

Chaussons de figo roxo

·•●•·

Omelete Concorde
(Omelete Concórdia)

Rendimento: para 1 pessoa
Preparo: 20 minutos
Cozimento: 3 minutos

---

1 tomate vermelho de 50 g
20 g de pepino
2 fatias de peito de frango cozido
2 brotinhos de espinafre
2 ovos frescos
1 colher (de sopa) de creme de leite líquido
1 pitada de sal refinado
1 pitada de pimenta branca moída
1 colher (de chá) de manteiga
1 g de sal marinho

---

1. Prepare o recheio. Retire os talos do tomate e mergulhe-o por 10 segundos em água fervente. Para esfriá-lo, coloque-o em uma mistura de água e gelo. Escorra, descasque e corte o tomate em quatro partes, removendo as sementes. Você terá pétalas de tomate que, em seguida, devem ser cortadas em cubos de 3 mm. Reserve na geladeira. Descasque o pepino, corte-o ao meio no sentido do comprimento e retire a polpa com uma colher pequena. Em seguida, corte-o em cubos de 3 mm e reserve. Corte também o peito de frango em cubos de 3 mm. Pique os brotos de espinafre bem fininho. Ponha todos os ingredientes do recheio em um único recipiente. Adicione sal e pimenta.
2. Quebre os ovos em uma tigela pequena e bata-os vigorosamente com um batedor de claras. Adicione o creme de leite líquido, o sal e a pimenta.
3. Em frigideira antiaderente, derreta uma colher de chá de manteiga e despeje os ovos. Utilizando uma espátula de silicone, traga constantemente as bordas da omelete para o centro da frigideira, de forma que a parte ainda líquida seja empurrada para fora, enquanto a parte cozida encontra-se no meio. Após 30 segundos, desligue o fogo: a omelete está pronta – mesmo se o centro permanecer mole; o cozimento será concluído graças ao calor armazenado.
4. Espalhe o recheio no centro da omelete e em seguida enrole-a sobre si mesma. Corte-a em pedaços, polvilhe com sal marinho e sirva imediatamente.

Recomendações do chef
Para deixar a omelete mais leve, adicione um fio de creme de leite líquido. Dessa forma, ela ficará mais untuosa.

Ovos pochê com bacon

Rendimento: para 1 pessoa
Preparo: 15 minutos
Cozimento: 4 minutos

2 litros de água
20 ml de vinagre branco de álcool
5 g de sal grosso
2 ovos frescos
10 g de bacon de porco fatiado
1 pitada de sal marinho

Material
2 ramequins (travessas pequenas refratárias)

1. Em uma panela, leve à fervura a água, o vinagre de álcool e o sal grosso. Enquanto isso, quebre os ovos em dois ramequins pequenos. Assim que a mistura ferver, reduza o fogo até obter um tiritar constante.
2. Coloque o ramequin um pouco acima da superfície e deslize o ovo delicadamente na água. Faça o mesmo com o segundo ovo. As claras farão pregas, naturalmente, em torno da gema. Deixe o ovo coagular superficialmente. Usando duas colheres, pince as bordas da clara de ovo e aperte para reter a gema. Você também pode unir a clara, empurrando o ovo para a borda da panela.
3. Após 4 minutos de cozimento, retire o ovo usando uma escumadeira: no toque, a clara deve ficar firme e elástica, mas não borrachuda. Coloque com cuidado o ovo cozido em um recipiente cheio de água fria para interromper o cozimento e retirar o vinagre. Escorra.
4. Em uma frigideira antiaderente quente, torre as fatias de bacon de porco e reserve-as sobre uma folha de papel absorvente. Disponha os ovos pochê (escalfados) em um prato, adicione o bacon e polvilhe com sal marinho.

Recomendações do chef
Você deverá aparar as irregularidades do ovo para a apresentação, e perceberá que o sal tem o seu papel no gosto e o vinagre é essencial para ajudar na condensação das proteínas durante a coagulação. Se desejar, acompanhe este prato com uma fatia de pão longo e fino para ser umedecida nos ovos quentes.

Finger sanduíche com queijo branco e ervas frescas

Rendimento: para 1 pessoa
Preparo: 10 minutos

2 g de salsa lisa
2 g de cebolinha verde (bem fina)
2 g de estragão
Sal refinado
Pimenta branca moída
20 g de queijo branco (tipo cottage)
50 g de pão de miga cortado em fatias de 5 mm de espessura

Material
1 folha de papel-manteiga para a conservação

1. Pique finamente a salsa, a cebolinha e o estragão.
2. Salgue e apimente o queijo branco cottage, e em seguida adicione as ervas picadas.
3. Espalhe a mistura acima sobre a metade das fatias de pão de miga. Cubra com o restante das fatias de pão. Corte em retângulos de 4,5 x 11 cm e sirva imediatamente.

Recomendações do chef
Conserve o sanduíche em uma folha de papel-manteiga, se você quiser prepará-lo antecipadamente. Dessa forma, ele ficará fresco e macio. Não pique as ervas aromáticas! Corte-as com uma tesoura. Trata-se de uma precaução indispensável a ser seguida, para evitar que os sanduíches finger fiquem com gosto de grama...

Queijo brie de Melun com amêndoas

Rendimento: para 1 pessoa
Preparo: 10 minutos
Cozimento: 30 minutos

10 g de amêndoas frescas descascadas
10 g de amêndoas cortadas em lâminas
10 ml de óleo de semente de uvas
1 queijo brie de Melun pequeno (ou produto local)
20 g de creme de amêndoas

1. Coloque as amêndoas frescas em uma fôrma tipo tabuleiro e as amêndoas cortadas em lâminas em outra fôrma do mesmo tipo. Regue-as com um fio de óleo de semente de uvas, e, em

seguida, leve-as ao forno à temperatura de 160 °C durante 6 minutos. Deixe esfriar.
2. Corte o queijo no sentido da espessura e o besunte com o creme de amêndoas. Reserve uma porção de amêndoas torradas para a decoração e polvilhe o restante das amêndoas sobre o creme de amêndoas. Cubra com a outra metade do queijo brie. Deixe repousar por 30 minutos e decore com as amêndoas reservadas antes de servir.

•••

Compota de maçãs-ruibardo

Rendimento: 5 potes pequenos
Preparo: 1 hora e 15 minutos
Cozimento: 50 minutos

500 g de ruibarbo fresco
375 g de maçãs boskoop
75 g de manteiga
75 g de açúcar cristalizado
1 pitada de canela

Material
5 potes pequenos

1. Lave e descasque os talos de ruibarbo; corte-os em pedaços pequenos e reserve. Descasque as maçãs, corte-as em quatro partes e remova o caroço; reserve.
2. Em uma panela grande, derreta a manteiga, adicione os pedaços de ruibarbo e polvilhe com o açúcar. Cozinhe por 30 minutos em fogo baixo, mexendo de vez em quando. Adicione as maçãs e misture bem. Continue cozinhando em fogo baixo por mais 20 minutos. Assim que a mistura estiver bem cozida, coloque uma pitada de canela em pó. Divida a compota em potes pequenos e experimente-a quente ou fria.

Recomendações do chef
Para os que apreciam morangos, nada os impede de preparar uma compota de morangos-ruibarbo. Basta substituir as maçãs por eles. Adicione-os frescos à compota de ruibarbo somente no final do cozimento, a fim de preservar ao máximo o seu gosto característico.

•••

Chaussons de figo roxo

Encomende esta sobremesa em uma loja Ladurée próxima de você.

A arte de receber

Representação
IMAGINE UM CENÁRIO DIGNO DE UM GRANDE HOTEL

Cubra uma bela mesa com uma grande toalha branca que desça até o chão, sobre ela, coloque uma outra toalha menor, tão bela quanto delicada. Tire do armário a sua louça mais fina, os seus copos de cristal... Lembre-se dos talheres de prata e do vaso solitário decorado com uma rosa fresca como o amanhecer. São esses detalhes que fazem o estilo. Sinta-se a princesa desse café da manhã preparado exclusivamente para você.

Questão de estilo
SEJA VOLUPTUOSAMENTE EGOÍSTA

Mergulhe preguiçosamente e com deleite em um livro e finalize a leitura quando quiser, sem se preocupar com a hora, nem com ninguém... Você tem como companhia um café da manhã que irá entretê-la.
Dependendo de sua preferência musical, deixe-se transportar por uma ópera de Verdi, ouvida do início ao fim, e reflita sobre o sentido da existência, ou deixe-se emocionar por aquele romance lido por uma voz irresistível.

Doce loucura
FAÇA ALGO EXCEPCIONAL

Organize a entrega de um magnífico buquê com as suas flores preferidas (uma braçada de peônias da China?; ou de ervilha-de-cheiro em pleno inverno?), encomende um arranjo de flores extra para você observar da poltrona que instalou de frente para o jardim a fim de contemplar demoradamente o jogo de luz e sombra produzido pelo sol sobre a grama, ou, ainda, decore e perfume todos os cômodos da casa com lírios ou jasmins frescos...

CAFÉ DA MANHÃ A DOIS

· •••·

Ovos quentes com trufa negra

Ovos mexidos com ouriço-do-mar

Queijo branco e framboesas

Rabanada e compota de damascos

· •••·

Ovos quentes com trufa negra

Rendimento: para 2 pessoas
Preparo: 10 minutos
Cozimento: 6 minutos

4 ovos frescos
8 g de trufa negra
4 g de sal marinho e mais um pouco para a finalização
1 colher (de sopa) de azeite de oliva
30 ml de creme de leite líquido
1 colher (de chá) de sal refinado
1 pitada de pimenta branca em pó
Sal marinho

1. Coloque os ovos em uma panela e cubra com água fria. Leve-os para ferver, reduza a chama e cozinhe por 6 minutos em fogo baixo. Assim que estiverem cozidos, escorra-os e em seguida retire a casca. Se estiverem muito quentes, você pode esfriá-los em uma mistura de gelo com água para descascá-los mais facilmente.
2. Corte fatias finas de trufa negra e tempere com sal marinho e azeite de oliva.
3. Reduza o creme de leite líquido em fogo médio até obter uma textura sedosa de cobertura. Adicione o sal, a pimenta e reserve.
4. Em cada prato, coloque 2 ovos cozidos e decore-os com fatias de trufa negra. Adicione alguns fios de creme de leite reduzido e polvilhe com sal marinho. Coma imediatamente.

Conselho do chef
Prefira a trufa negra conhecida como tuber melanosporum, mais perfumada e de melhor qualidade que a trufa negra conhecida como ancinatum ou trufa negra da China.

Ovos mexidos com ouriço-do-mar

Rendimento: para 2 pessoas
Preparo: 20 minutos
Cozimento: 5 minutos

Ouriço-do-mar
6 ouriços frescos
50 ml de água
10 g de manteiga de Charentes (ou manteiga local)
Sal refinado, pimenta branca moída

Ovos mexidos
4 ovos frescos
Sal refinado, pimenta branca moída
20 g de creme de leite fresco fluído
10 g de manteiga de Charentes (ou manteiga local)
4 g de sal marinho

OS OURIÇOS

1. Abra os ouriços-do-mar com uma tesoura e retire delicadamente as línguas de polpa amarela. Conserve o suco que há dentro das conchas. Lave as línguas em água corrente fria e reserve-as. Passe o suco dos ouriços-do-mar através de uma peneira para eliminar todas as impurezas.

2. Despeje em uma panela o suco coado, a água e deixe ferver. Na primeira fervura, retire a panela do fogo e adicione 10 gramas de manteiga fresca; tempere a gosto. Misture o suco e reserve em local aquecido.

OS OVOS MEXIDOS

3. Quebre os ovos em uma tigela, coloque sal e pimenta. Adicione 20 g de creme de leite fluído e misture até que a consistência fique homogênea.

4. Derreta a manteiga em uma frigideira. Despeje os ovos batidos e cozinhe em fogo brando, mexendo constantemente com um batedor de claras. Quando a mistura estiver cozida, mas ainda bastante fluída e leve, interrompa o cozimento, incorporando fora do fogo um fio de creme.

A MONTAGEM

5. Divida os ovos mexidos em 2 pratos fundos e adicione as línguas de ouriço. Regue com o suco de ouriço-do-mar. Polvilhe com sal marinho. Sirva em seguida.

Recomendação do chef
O ouriço-do-mar é um ingrediente frágil, que deve ser manipulado com precaução e consumido de imediato (logo após a compra).

•••

Queijo branco e framboesas

Preparo: 5 minutos

125 g de framboesas frescas
250 g de queijo branco extrafresco
2 colheres (de chá) de açúcar cristalizado

Lave delicadamente as framboesas em água fria, escorra e as disponha em um recipiente. Guarneça dois potes pequenos com queijo branco. Sirva as framboesas com o queijo juntos. Dependendo do gosto, você pode adoçar levemente com o açúcar cristalizado.

Recomendação do chef
Em uma tigela pequena, deposite algumas framboesas frescas e adicione duas ou três pitadas de açúcar mascavo. Utilizando um garfo, amasse as framboesas; o açúcar misturado irá se dissolver no preparo, permitindo compensar a acidez da fruta.

Rabanada e compota de damascos

Rendimento: 4 fatias e 4 potes pequenos
Preparo: 15 minutos + 30 minutos
Cozimento: 5 minutos + 25 minutos
Infusão: 1 hora

Para a rabanada
½ fava de baunilha
400 ml de creme de leite líquido
4 gemas
80 g de açúcar cristalizado
1 brioche redondo com 20 cm de altura
1 colher (de chá) de manteiga

Para a compota de damascos
500 g de damascos frescos
50 g de açúcar cristalizado
20 ml de suco de limão

A RABANADA E A COMPOTA

1. Usando uma faca, abra a meia-fava de baunilha ao meio longitudinalmente e raspe o interior para extrair a polpa. Despeje o creme de leite em uma panela e adicione a fava e a polpa. Leve à fervura. Retire do fogo, cubra e deixe em infusão por aproximadamente 1 hora; remova a fava de baunilha.

A COMPOTA DE DAMASCOS

2. Lave os damascos, retire os caroços, corte-os em pedaços pequenos. Coloque-os em uma panela com o açúcar em fogo brando e mexa regularmente. Uma vez que estiverem bem cozidos (aproximadamente 25 minutos), acrescente o suco de limão. Reserve.

A FINALIZAÇÃO DA RABANADA E O COZIMENTO

3. Em uma tigela, bata as gemas e o açúcar até que a mistura fique ligeiramente esbranquiçada. Em seguida, adicione o creme em infusão mexendo com uma espátula. Faça 4 fatias de brioche com cerca de 2 centímetros de espessura; remova a casca.

4. Aqueça uma colher de chá de manteiga em uma frigideira grande. Molhe as fatias de ambos os lados na preparação anterior, escorra-as rapidamente e coloque-as na frigideira. Frite por aproximadamente 1 minuto de cada lado até obter uma linda coloração dourada. Sirva imediatamente acompanhada da compota de damascos.

Variação

Prepare uma rabanada de pistache, substituindo a fava de baunilha por uma colherada de pasta de pistache adicionada ao preparo da rabanada. Para fazer uma compota de cerejas, siga a receita da compota de damascos.

A arte de receber

•••
Saber receber
DEVE-SE USAR DESCANSO DE FACA OU NÃO?

Esse acessório é reservado para as refeições em família ou entre amigos próximos. Ele denota que a anfitriã não tem a intenção de trocar os talheres para cada tipo de prato.

•••
Serviço de mesa
TALHERES E ACESSÓRIOS REQUINTADOS

Existem diversos tipos de talheres e acessórios específicos com um agradável charme antiquado: colheres de chá de marfim, de madrepérola ou de chifre de animais para degustar os ovos; mas também há colheres de sorvete (cujo fundo da concha é plano), colheres para pamplemousse (com a borda equipada de dentinhos para separar facilmente o gomo cítrico), garfos para bolos (com uma pequena ranhura), colheres de sobremesa (ligeiramente maiores que as colheres de chá, perfeitas para o creme inglês ou para o coulis), pá e pinça para servir bolos e doces, e inclusive o utensílio requintado e obsoleto em forma de concha, usado para pegar a manteiga, como se fazia antigamente no Grand Hôtel de Cabourg (Grande Hotel de Cabourg).
Dê a você esse prazer!

•••
Representação
A LUZ QUE EMBELEZA O MUNDO

De manhã, a luz natural é fria, um tanto esbranquiçada, nem sempre muito lisonjeira para a pele... Dissimule-a com uma cortina fina ou com persianas (de linho, seda fina ou organza). Complemente ou corrija a iluminação com pequenas lamparinas (evite os lustres e spots que projetam uma luz muito forte e criam sombras sobre o rosto das pessoas). Ouse, por que não? Acenda algumas velas em tons pastéis. Só resta escolher uma música suave e agradável.

CAFÉ DA MANHÃ EM FAMÍLIA

·•●•·

Ovos cozidos em banho-maria com creme

Queijo branco com ervas finas

Salada de frutas

Bostock cítrico
(rabanadas assadas de brioche com
amêndoas laminadas – receita Ladurée)

Manteiga de chocolate e fatias de pão grelhado

·•●•·

Ovos cozidos em banho-maria com creme

Rendimento: para 4 pessoas
Preparo: 15 minutos
Cozimento: 6 minutos

20 g de manteiga amolecida
8 ovos frescos
1 colher (de chá) de sal refinado
1 pitada de pimenta branca em pó
30 g de creme de leite fresco espesso
4 g de sal refinado

Material
8 minipanelas (panelinhas) com tampa
8 vasilhas refratárias pequenas (ramequins)
Um pincel

1. Usando um pincel, unte as 8 panelinhas com a manteiga amolecida.
2. Quebre os ovos em 8 ramequins. Ponha sal, pimenta e em seguida despeje 1 ovo em cada panelinha untada. Tampe as panelinhas. Forre uma fôrma tipo tabuleiro ou assadeira funda com papel-manteiga – ele impedirá que as panelinhas se agitem durante a ebulição. Coloque as panelinhas sobre o papel-manteiga e adicione água até a metade da fôrma.
3. Cozinhe os ovos em forno preaquecido a 170 °C durante 6 minutos. O ovo estará pronto quando a gema estiver ainda em estado líquido e a clara estiver quase coagulada.
4. Aqueça o creme de leite, ponha sal e pimenta. Deixe as panelinhas esfriarem por alguns minutos, polvilhe com sal marinho e cubra com creme de leite. Sirva imediatamente.

Recomendação do chef
Lembre-se de que o ovo vai continuar cozinhando após a saída do forno. Tenha isso em mente se você não quiser comer ovos duros com creme...

Queijo branco com ervas finas

Rendimento: para 4 pessoas
Preparo: 20 minutos

6 g de cerefólio
6 g de salsa lisa
6 g de cebolinha verde (bem fina)
6 g de estragão
Sal refinado
Pimenta branca moída
120 g de queijo branco

4 g de sal marinho
20 ml de azeite de oliva

1. Pique finamente o cerefólio, a salsa, a cebolinha e o estragão, tendo o cuidado de reservar alguns raminhos de cada erva para o acabamento.
2. Salgue e apimente o queijo branco e, em seguida, adicione as ervas picadas.
3. Disponha em uma taça e decore com os raminhos das ervas, o sal marinho e um fio de azeite de oliva.

Recomendações do chef

Escolha um queijo branco suave, para que, quando misturado com as ervas, não haja predominância do gosto do queijo. Não se esqueça de remover os galhinhos de cada erva para facilitar o corte.

Faça você mesmo o seu próprio queijo e redescubra um verdadeiro sabor através de uma receita muito simples.

Para 4 pessoas, é necessário:
1 litro de leite fresco; coalho líquido; uma tigela grande; um guardanapo branco de algodão; uma peneira.

O preparo:

1. Esquente o leite gradualmente a uma temperatura de 35 °C. Em seguida, adicione 3-4 gotas de coalho, o que o fará coalhar. Cubra a tigela com o guardanapo de algodão e coloque-a em um local com temperatura mínima de -20 °C. Após doze horas, o leite estará coalhado.

2. Despeje o conteúdo da tigela na peneira forrada com o guardanapo de tecido que serve de filtro e passe para uma vasilha. Prove!

Para melhor apreciar o sabor, o ideal é adoçar este queijo branco com um fio de mel ou consumi-lo in natura com ervas finas, como especificado na receita. Depois de feito, o queijo branco se conserva de 24 a 48 horas na geladeira em um recipiente hermeticamente fechado.

Salada de frutas

Rendimento: para 4 pessoas
Preparo: 25 minutos
Cozimento: 2 horas

Para a calda exótica
1 litro de água
250 g de açúcar cristalizado
1 fava de baunilha
Raspas de 1 limão verde orgânico
1 badiana (ou anis estrelado)

Para a mistura de frutas
½ abacaxi
½ manga
2 kiwis
150 g de morango
150 g de framboesa

100 g de amora
50 g de mirtilo

A CALDA EXÓTICA
1. Prepare a calda exótica com antecedência. Ferva a água e o açúcar e adicione os demais ingredientes para que haja uma infusão. Reserve na geladeira por pelo menos 2 horas. Coe a calda.

A MISTURA DE FRUTAS
2. Descasque a manga, o abacaxi, o kiwi e corte-os a seu gosto. Lave cuidadosamente as frutas vermelhas em água corrente fria e escorra-as; retire os cabinhos dos morangos e corte-os ao meio. Deixe as demais frutas inteiras. Coloque tudo em uma tigela e regue com a calda fria (ou até mesmo gelada). Saboreie.

...

Bostock cítrico

Rendimento: 4 Bostocks
Preparo: 1 hora
Cozimento: 12 minutos

Para a calda de aroma cítrico
450 ml de água
200 g de açúcar cristalizado
45 g de açúcar mascavo
Raspas de 1 limão verde orgânico
Raspas de 1 limão-siciliano orgânico

Brioche
1 brioche com 20 cm de altura

Para o creme cítrico de amêndoas
90 g de manteiga
100 g de açúcar de confeiteiro + 10 g para o acabamento
100 g de farinha de amêndoas (ou amêndoas moídas)
8 g de amido de milho
1 ovo inteiro
20 g de limão cristalizado
10 g de laranja cristalizada
25 g de amêndoas em lâminas

Material
Um saco de confeiteiro munido de um bico de 10 mm

A CALDA DE AROMA CÍTRICO
1. Em uma panela, ferva a água e os açúcares. Retire do fogo e adicione as raspas de limão. Reserve.

O BRIOCHE
2. Corte o brioche em fatias de 2 centímetros de espessura. Usando uma escumadeira, mergulhe rapidamente as fatias uma a uma na calda quente, de modo que fiquem bem umedecidas. Escorra-as

sobre uma grelha posta sobre uma assadeira tipo tabuleiro e deixe-as esfriar. Forre uma fôrma tipo tabuleiro com uma folha de papel-manteiga e coloque as fatias de brioche.

O CREME CÍTRICO DE AMÊNDOAS
3. Corte a manteiga em pedaços pequenos e coloque em uma tigela grande. Amoleça a manteiga em banho-maria sem derretê-la, até obter a consistência de um creme. Misture sucessivamente os ingredientes seguintes, tendo o cuidado de misturar bem cada um deles: o açúcar de confeiteiro, a farinha de amêndoas, o amido de milho, o ovo, o limão e a laranja cristalizada.

A FINALIZAÇÃO
4. Preaqueça o forno a 170 °C. Usando o saco de confeiteiro munido do bico, cubra as fatias de brioche com uma fina camada de creme de amêndoas com uma espessura 2 mm. Polvilhe com as amêndoas cortadas em lâminas. Leve ao forno os Bostocks e asse por aproximadamente 12 minutos. Deixe esfriar e, em seguida, polvilhe com açúcar de confeiteiro. Os Bostocks devem ser consumidos no mesmo dia.

Variação
Você também pode preparar os Bostocks com mel e noz-pecã.
Para a calda com sabor de mel, substitua açúcar por mel de castanheiro.
A confecção do creme de amêndoas será idêntica à receita citada acima, mas retire a laranja e o limão cristalizados. Antes de assar, coloque as lascas de nozes-pecã sobre os Bostocks substituindo as lâminas de amêndoas.

...

Manteiga de chocolate e fatias de pão grelhado

Rendimento: 4 fatias
Preparo: 15 minutos

200 g de manteiga
50 g de cacau em pó
1 pão caseiro

1. Corte a manteiga em pedaços e a amoleça em banho-maria até que adquira uma consistência cremosa. Adicione o cacau em pó e misture bem.
2. Corte 4 fatias de pão caseiro e as torre. Deixe esfriar um pouco, em seguida espalhe a manteiga de chocolate sobre as fatias de pão torrado. Experimente. Se ainda restar um pouco de manteiga de chocolate, você pode mantê-la na geladeira por uma semana, desde que seja acondicionada em um recipiente hermeticamente fechado.

Variação
Você prefere chocolate ao leite? Não há problema! Em vez de usar cacau em pó, derreta 50 gramas de chocolate ao leite em banho-maria (para 200 g de manteiga).

A arte de receber

Serviço de mesa
PARA SERVIR O CHÁ

Bule de chá, peneira de prata decorada com guirlandas de flores em estilo Rococó, fitas ou pérolas em estilo Luís XVI, pinças para o açúcar em cubos, colheres de chá para o açúcar refinado, leiteira pequena, bule pequeno com água quente... Servir o chá tornou-se uma arte ao longo do século 19, quando o hábito de consumir essa bebida se espalhou pela burguesia. Os grandes joalheiros e fabricantes de porcelanas, na época, competiam em termos de criatividade no intuito de propor aparelhos de chá específicos inspirados em uma miríade de acessórios encantadores. Os ingleses acrescentaram, para essa cerimônia, um elemento tão prático quanto kitsch: o tea-cosy (o abafador de chá) – reservado, no entanto, às mesas familiares.

Saber receber
INFUSÃO «MA NON TROPPO» (MAS NÃO MUITO)

O chá é uma bebida preparada através da infusão, o que implica que ele se modifique no decorrer dos minutos, ao contrário do café. Para cada variedade da bebida, há um tempo de infusão ideal, que as boas casas de chás e os bons fornecedores sempre indicam. É importante respeitar essas indicações, caso contrário, a bebida acaba apresentando um sabor tânico, até mesmo amargo. É preciso, portanto, saber quando devemos finalizar a infusão. Para isso, há várias soluções: coloque as folhas do chá em um infusor (grande o suficiente para que o sabor possa se expandir) ou em um filtro de papel especial, que deve ser removido da água quente assim que o tempo prescrito for atingido; ou então prepare o chá na cozinha e o despeje em um bule assim que a infusão estiver pronta.

Dica
UMA GARRAFA TÉRMICA COM ÁGUA QUENTE

Esse é o utensílio ideal para diluir um café considerado muito forte, clarear um chá ou até mesmo para oferecer uma infusão em sachê, sem sair da mesa. Deve ser mantida ao alcance das mãos, sobre o aparador, e de preferência não sobre a mesa.

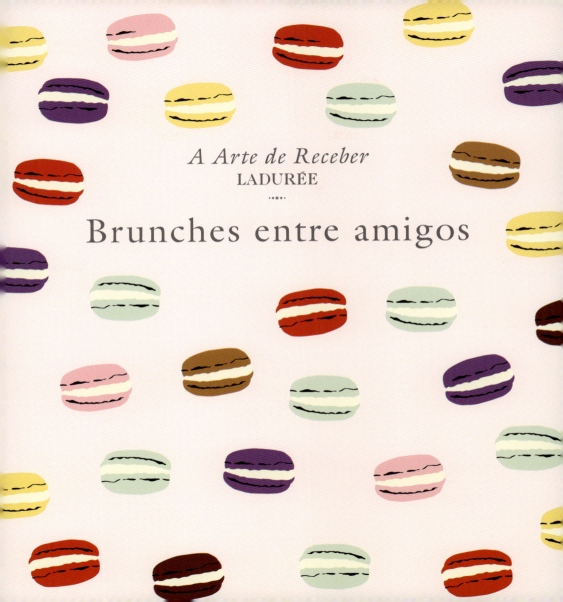

A Arte de Receber
LADURÉE

Brunches entre amigos

BRUNCH CHIQUE

Club sandwich com pastrami

Ovos pochê (escalfados) com cogumelos morilles frescos

Brioches recheados com legumes verdes

Kouglof de pralinas rosas

Pão de especiarias

Club sandwich com pastrami

Rendimento: para 8 pessoas
Preparo: 30 minutos
Cozimento: 2 horas

Para os tomates secos
250 g de tomates frescos
6 g de sal refinado
20 ml de azeite de oliva
Para o molho de limão
6 g de sal refinado
20 ml de suco de limão
70 ml de azeite de oliva
Para o recheio e a montagem
200 g de aipo bola
80 g de maionese
300 g de pastrami
100 g de pepino
1 pão de miga de 900 g fatiado
180 g de rúcula

OS TOMATES SECOS
1. Lave e corte os tomates em rodelas de 4 mm de espessura. Tempere com sal e regue com azeite de oliva. Coloque as rodelas de tomate em uma assadeira tipo tabuleiro e deixe secar no forno a 80 °C durante 2 horas.

O MOLHO DE LIMÃO
2. Em uma tigela, dissolva 6 g de sal no suco de limão, e em seguida adicione, sem parar de mexer, o azeite de oliva. Reserve.

O RECHEIO
3. Descasque e rale o aipo, misture com a maionese. Corte o pastrami em fatias finas. Corte os pepinos em fatias finas (lâminas). Toste as fatias de pão de miga. Lave e pique a rúcula e tempere com o molho de limão.

A MONTAGEM
4. Em uma placa de corte, coloque uma fatia de pão de miga e sobre a fatia de pão deposite sucessivamente um pouco de aipo, de rúcula, de pastrami, de tomate seco, de pepino e cubra com uma segunda fatia de pão de miga. Repita o procedimento para obter mais sete sanduíches. Corte a casca do pão e em seguida divida a fatia ao meio no sentido do comprimento. Deguste.

Recomendação do chef
O sanduíche pode ser acompanhado de salada verde ou batatas fritas.

Ovos pochê (escalfados) com cogumelos morilles frescos

Rendimento: para 8 pessoas
Preparo: 15 minutos
Cozimento: 10 minutos

Para os cogumelos morilles
200 g de cogumelos morilles frescos de Landes (ou produto local)
15 g de manteiga de Charentes (ou produto local)
Sal refinado

Para os ovos pochê (escalfados)
3 litros de água
500 ml de vinagre branco de álcool
10 g de sal grosso
16 ovos frescos
2 g de sal marinho

Os cogumelos
1. Lave bem os cogumelos em água fria. Repita a operação duas vezes, certificando-se de remover todas as impurezas. Em uma frigideira, derreta a manteiga. Assim que a manteiga criar uma espuma, acrescente os cogumelos, o sal e cozinhe em fogo baixo por 10 minutos, sem cobrir a frigideira.

Os ovos pochê
2. Em uma panela, ferva a água, o vinagre e o sal grosso. Enquanto isso, quebre os ovos em ramequins (travessa refratária pequena) – um ovo em cada travessa. Assim que os ingredientes líquidos atingirem o ponto de ebulição, reduza o fogo até ouvir um chiado constante de fervura.
3. Coloque um ramequin dentro da panela e deslize o ovo delicadamente na água. Faça o mesmo com os outros. A clara irá adquirir naturalmente umas pregas em torno da gema. Deixe cada ovo coagular superficialmente. Usando duas colheres, aperte as bordas da clara, soldando-a para prender a gema. Você também pode soldar a clara pressionando o ovo em direção à borda da panela.
4. Após quatro minutos de cozimento, retire o ovo usando uma escumadeira: no toque, a clara deve estar firme e elástica, mas não borrachuda. Coloque cuidadosamente o ovo cozido em um recipiente de água fria para interromper o cozimento e retirar o vinagre.

Finalização
5. Coloque 2 ovos pochê (escalfados) sobre cada prato, decore com alguns cogumelos e enfeite com sal marinho.

Brioches recheados com legumes verdes

Rendimento: para 8 pessoas
Preparo: 35 minutos
Cozimento: 15 minutos

Para o recheio
100 g de vagem
100 g de ervilha-torta
100 g de ervilhas em grãos
100 g de favas
10 g de estragão
10 g de sal
2 g de pimenta branca moída
150 g de iogurte natural

Para a montagem
8 brioches parisienses Ladurée (ou produto local)
10 g de salsa
10 g de cerefólio
20 ml de azeite de oliva
10 g de sal marinho

O recheio
1. Cozinhe todos os legumes separadamente com bastante água fervente e tempere com sal. Esfrie-os em água gelada, escorra e reserve. Corte a vagem e as ervilhas-tortas em pedaços de 3 milímetros e misture-as com as ervilhas em grãos e as favas. Adicione o estragão finamente picado; ponha sal e pimenta.
2. Escorra o iogurte e misture-o com os legumes.

A montagem
3. Separe a base e a parte superior (o topo) dos brioches com uma faca de pão. Faça uma cavidade generosa, retire o miolo e coloque o recheio de legumes.
4. Coloque uma base e um topo de brioche em cada prato. Enfeite com salsa e cerefólio finamente picados, faça um fio de azeite de oliva em volta do prato e polvilhe com sal marinho.

Recomendação do chef
Outras variedades de legumes, como o aspargo, a vagem de metro e a vagem manteiga, podem entrar na composição dessa receita.

Kouglof com pralinas rosas

Peça esta sobremesa em uma loja Ladurée próxima de você.

…

Pão de especiarias

Rendimento: 8 porções
Preparo: 1 hora e 30 minutos
Cozimento: 55 minutos
Infusão: 2 horas
Repouso: 12 horas + 24 horas

---

150 ml de água
10 g de badiana ou 5 estrelas de anis
75 g de manteiga + 20 g para untar a fôrma
100 g de açúcar cristalizado
100 g de mel de castanheiro
115 g de farinha de trigo + 20 g para polvilhar a fôrma
1 laranja orgânica
1 limão orgânico
110 g de farinha de centeio
½ sachê de fermento em pó
5 g de canela em pó
3 g de mistura de especiarias (gengibre, noz-moscada, cravo, pimenta preta)
30 g de laranja cristalizada

Material
Uma fôrma de bolo de 25 x 8 x 8 cm (retangular)

---

1. Em uma panela, ferva a água, a badiana, a manteiga, o açúcar e o mel; retire do fogo. Deixe em infusão por 2 horas e depois coe. Mantenha em temperatura ambiente até o dia seguinte.

2. Unte uma fôrma de bolo retangular, coloque no fundo um retângulo de papel-manteiga, que irá ajudar na hora de desenformar o pão. Coloque a fôrma por 10 minutos na geladeira para endurecer a manteiga. Retire da geladeira, polvilhe com farinha de trigo e elimine o excesso de farinha, se houver. Utilizando um ralador, faça raspas de limão e de laranja.

3. Em uma tigela, peneire a farinha de trigo, a farinha de centeio, o fermento e as especiarias. Adicione as raspas de limão e de laranja e os cubos de laranja cristalizada. Despeje sobre essa mistura sólida a mistura líquida fria, progressivamente, e mexa com uma espátula de madeira como se fosse uma massa de panqueca, para evitar que se formem grumos.

4. Preaqueça o forno a 210 °C. Ponha a massa na fôrma deixando 2 cm até a borda. Asse por 10 minutos. Retire do forno e, com uma faca pequena, faça um corte no sentido do comprimento, sobre a crosta que se formou. Coloque de volta no forno imediatamente, diminuindo a temperatura para 180 °C, e asse por mais 45 minutos, aproximadamente. Verifique o cozimento perfurando o centro do pão de especiarias com a ponta de uma faca. A faca deve sair limpa e seca, sem nenhum traço de aderência.

5. Retire o pão de especiarias do forno, deixe esfriar por 5 minutos. Desenforme sobre uma grelha e deixe arrefecer um dia inteiro, se possível.

A arte de receber

Dica

QUAL A MELHOR OPÇÃO PARA A ESCOLHA DA MESA?

Dependendo do número de convidados, da configuração do espaço físico e do material disponível, você pode escolher entre estas duas opções: uma mesa grande, suficientemente ampla para acomodar os pratos no centro; ou um bufê e várias mesas pequenas. Se você tiver mais de 15 convidados, a segunda solução parece ser a mais adequada. Para essa opção, mesas de 4 a 6 pessoas são ideais. Todos os modelos podem ser alugados facilmente, bem como a roupa de mesa (toalhas, guardanapos etc.) e as cadeiras.

Questão de estilo

DELICIOSAS FLORES COMESTÍVEIS

Pétalas de rosas, as estrelinhas azuis da borrage (Borago officinalis L.), o vermelho intenso das delicadas flores da capuchinha (Tropaeolum majus), as tenras violetas, as prímulas... Há uma grande variedade de flores perfeitamente comestíveis, e algumas são realmente deliciosas! Convém, no entanto, não adquiri-las diretamente no(a) florista (as flores provavelmente são tratadas quimicamente), mas exclusivamente na seção de «frutas e legumes» de uma feira; ou podem ser colhidas no seu jardim, desde que você não utilize agrotóxicos nas plantas. As pétalas de rosas dão sempre um efeito encantador e original em torno de um bolo, de uma sobremesa etc. Lembre-se inclusive das flores silvestres (pétalas de dente-de-leão, malmequer, prímulas e papoulas...) para decorar uma taça de queijo fresco (tipo cottage), frutas frescas, uma salada cítrica (as violetas formam um contraste agradável), bem como sorvetes à base de sucos de frutas ou de leite.

Serviço de mesa

INOVE, EVITE O LUGAR-COMUM!

Tigelas de sopa (tipo bowl), porta-ovos cozidos, tigelinhas, saleiros. Esqueça o uso inicial desses utensílios e transforme-os em recipientes que possam acomodar uma geleia, um creme (doce ou salgado), três ou quatro bolinhos, temperos, um minibuquê de hortelã...

BRUNCH SURREALISTA

Pão surpresa

Ovos de pata (ou de gansa) cozidos com tomate

Salmão marinado com cardamomo e hortelã fresca

Bolo de frutas secas e cristalizadas

Tarteletes Tatin de manga com especiarias

Pão surpresa

Rendimento: para 8 pessoas
Preparo: 30 minutos
Cozimento: 7 minutos

---

8 cubos de pão miga de 8 x 8 cm
40 g de manteiga derretida
100 g de cenoura
100 g de aipo bola
400 g de carne de caranguejo
1 limão verde
20 g de cebolinha verde (bem fina) + um pouco para a finalização
10 g de sal refinado
2 g de pimenta branca moída na hora
120 g de queijo branco fresco (tipo cottage)

---

1. Besunte os cubos de pão de miga com manteiga derretida e torre-os no forno preaquecido a 180 °C durante 7 minutos ou até obter uma coloração dourada. Deixe esfriar.
2. Descasque e corte a cenoura e o aipo em cubos pequenos de 2 mm. Mergulhe-os em uma panela de água fervente com sal; deixe esfriar e escorra bem. Eles devem ficar crocantes.
3. Tempere a carne de caranguejo com suco de limão, cebolinha verde finamente picada, sal e pimenta.
4. Corte os cubos de pão de miga em ¾ de sua altura. Reserve as tampas feitas com o pão. Esvazie a base do pão ao máximo sem danificar as laterais e guarneça o interior: primeiro com o queijo branco fresco, depois com os legumes crocantes. Em seguida, adicione uma camada de carne de caranguejo. Cubra com legumes e finalize com uma camada de queijo branco. Polvilhe com a cebolinha finamente picada, coloque as tampas (do pão) e se delicie.

Recomendação do chef
Você pode cortar os cubos de um pão de miga de 1,5 kg não fatiado. As aparas obtidas podem ser utilizadas para fazer farinha de rosca ou um tradicional pudim de pão.

Variação
Esta receita pode ser adaptada conforme as estações do ano e o gosto de cada um. Um ovo cozido com maionese ou foie gras no inverno podem substituir a carne de caranguejo e os legumes. No verão, harmonize abacate com caranguejo gigante do Alasca ou lagosta e regale-se.

Ovos de pata (ou de gansa) cozidos com tomate

Rendimento: para 8 pessoas
Preparo: 45 minutos
Cozimento: 36 minutos

Para o refogado de tomate
200 g de tomates de tamanho médio
60 g de cebola
20 ml de azeite de oliva
5 g de tomilho
12 g de sal refinado
2 g de pimenta branca moída

Para os ovos cozidos
20 g de manteiga amolecida
8 ovos de pata (ou de gansa)
Sal refinado e pimenta moída
4 g de sal marinho
30 g de creme de leite fresco espesso

Material
8 ramequins (travessas refratárias)
8 panelinhas com tampa

O REFOGADO DE TOMATE
1. Mergulhe os tomates em água fervente durante 10 segundos. Esfrie-os na água com gelo, descasque-os, retire as sementes e corte-os em cubos. Descasque as cebolas e corte-as também em cubos pequenos.

Coloque um fio de azeite para aquecer na frigideira e doure as cebolas, os tomates e o tomilho. Ponha sal, pimenta e deixe cozinhar em fogo baixo por 30 minutos. Escorra o refogado.

OS OVOS COZIDOS
2. Usando um pincel, unte 8 panelinhas com manteiga amolecida.

3. Quebre os ovos em 8 ramequins. Adicione sal, pimenta e, em seguida, ponha o ramequin virado para baixo, dentro de cada panelinha previamente untada. Tampe as panelinhas. Forre uma fôrma bem funda tipo tabuleiro com papel-manteiga: o papel impedirá que as panelinhas se agitem durante o cozimento. Coloque-as sobre o papel e encha a fôrma com água até a metade.

4. Cozinhe os ovos em forno preaquecido a 170 °C durante 6 minutos. Os ovos estarão prontos quando a gema estiver ainda líquida e a clara tiver quase coagulado.

5. Deixe esfriar por alguns minutos e coloque uma generosa porção de refogado de tomate em torno dos ovos. Polvilhe com sal marinho e despeje um fio de creme de leite. Sirva imediatamente.

Recomendação do chef
Cuidado: lembre-se de que os ovos continuam cozinhando ainda um pouco após saírem do forno. Tenha isso em mente se você não quiser comer ovos duros com molho de tomate!

Salmão marinado com cardamomo e hortelã fresca

Rendimento: para 8 pessoas
Preparo: 20 minutos
Cozimento: 6 minutos
Repouso: 4 horas

8 g de cardamomo verde
15 g de hortelã fresca
800 g de filé de salmão orgânico sem a pele
200 ml de azeite de oliva
10 g de sal marinho
60 g de limão verde

1. Deposite as sementes de cardamomo em uma assadeira tipo tabuleiro e leve-as ao forno a 160 °C durante 6 minutos, para torrá-las. Deixe esfriar e em seguida pique finamente.
2. Desfolhe e pique a hortelã.
3. Junte o filé de salmão, o cardamomo e a hortelã em um prato fundo. Despeje o azeite de oliva e deixe marinar por 4 horas na geladeira.
4. Escorra o salmão sem enxaguá-lo e corte fatias finas e grandes. Arrume-as em pratos, polvilhe com sal marinho e regue com suco de limão verde.

Recomendações do chef

Sirva com minipanquecas, torradas integrais ou com outro tipo de pão da sua preferência.
O salmão, peixe migratório, pode ser encontrado em água doce e em água salgada. Sua carne é gordurosa, e terá mais qualidade se ele for selvagem do que se for criado em cativeiro. Mas é preciso achar um fornecedor de confiança – e poder pagá-lo!

Bolo de frutas secas e cristalizadas

Rendimento: 8 porções
Preparação: 1 hora e 30 minutos
Cozimento: 55 minutos

180 g de manteiga + 20 g para untar a fôrma
250 g de farinha de trigo + 30 g para polvilhar a fôrma e as frutas
1 sachê de fermento em pó
150 g de uva-passa branca
100 g de frutas cristalizadas cortadas em cubos
50 g de damasco seco
110 g de açúcar cristalizado
3 ovos inteiros

Material
Uma fôrma de bolo de 25 x 8 x 8 cm

Deixe todos os ingredientes descansarem em temperatura ambiente por 12 horas antes da preparação.

1. Unte a fôrma do bolo e coloque no fundo um retângulo de papel-manteiga, para facilitar na hora de desenformar. Deixe a fôrma por 10 minutos na geladeira para endurecer a manteiga. Retire, polvilhe com farinha de trigo e remova o excesso.
2. Em uma tigela, misture a farinha de trigo com o fermento em pó e peneire. Adicione as uvas passas, as frutas cristalizadas, os damascos secos e acrescente um pouco de farinha para separar as frutas. Bata a manteiga até obter uma textura de creme, adicione o açúcar e misture energicamente; junte os ovos um a um e continue batendo. Finalize a massa adicionando a farinha e a mistura de frutas secas e cristalizadas.
3. Preaqueça o forno a uma temperatura de 210 °C. Despeje a massa do bolo deixando 2 cm até a borda da fôrma. Deixe no forno por 10 minutos. Retire e faça uma fenda na crosta que se formou, no sentido longitudinal, utilizando uma faca pequena. Coloque de volta no forno, diminuindo a temperatura para 180 °C, e asse por mais 45 minutos.
Verifique o cozimento perfurando o centro do bolo com a ponta de uma faca, que não deverá apresentar nenhum resquício da massa.
4. Retire do forno, deixe descansar por 5 minutos, desenforme o bolo sobre uma grelha e deixe esfriar bem.

Recomendação do chef
Conserve este bolo na geladeira numa embalagem ou num recipiente hermeticamente fechado. Você pode saboreá-lo gelado, se preferir, ou então retire-o da geladeira uma hora antes de comer, se desejar que esteja mais macio.

...

Tarteletes Tatin de manga com especiarias

Peça esta sobremesa em uma loja Ladurée próxima de você.

BRUNCH PRIMAVERIL

· ◦ ● ◦ ·

Sanduíches finger de frango, pepino e queijo fresco

Salmão defumado com limão caviar

Omelete com trufas

Brioche com cobertura de açúcar granulado

Bolo de rosas

· ◦ ● ◦ ·

Finger sanduíche de frango, pepino e queijo fresco

Rendimento: para 6 pessoas
Preparo: 20 minutos

150 g de peito de frango cozido
40 g de pepino
5 g de sal refinado
1 pitada de pimenta branca moída
50 g de queijo branco fresco (tipo cottage)
200 g de pão de miga cortado em fatias de 5 mm de espessura

1. Corte o peito de frango em fatias de 3 mm de espessura. Descasque o pepino, corte-o ao meio no sentido do comprimento, retire a polpa e em seguida corte-o em lâminas. Salgue e apimente o queijo branco.
2. Espalhe o queijo branco temperado nas fatias de pão de miga. Adicione as fatias de peito de frango, as lâminas de pepino e cubra com as fatias de pão remanescentes. Corte os sanduíches formando retângulos de 4,5 x 11 cm e sirva em seguida.

Recomendação do chef
Se você quiser preparar esses sanduíches com antecedência, envolva-os cuidadosamente em uma folha de papel-manteiga.

Salmão defumado com limão caviar

Rendimento: para 8 pessoas
Preparo: 15 minutos

800 g de fatias de salmão defumado da Escócia
5 limões «caviar» australianos
16 fatias de pão de miga

1. Remova toda a parte marrom do salmão e o reserva na geladeira.
2. Corte os limões ao meio e retire a polpa composta de pequenas pérolas suculentas, cítricas e crocantes –também chamadas de «caviar».
3. Toste as fatias de pão de miga.
4. Coloque em um prato o salmão defumado em forma de montículos, dando volume e movimento às fatias. Polvilhe com limão caviar australiano e sirva com as torradas.

Recomendações do chef

Grande e longo como um dedo gordo, o limão caviar de origem australiana tem o sabor de limão ácido temperado com uma ponta de grapefruit rosa. Na boca, sua polpa explode quando a mordemos, como pérolas de aroma cítrico.
O pão de miga pode ser substituído por pão caseiro ou de cereais (integral) torrado.

Omelete com trufas

Rendimento: para 8 pessoas
Preparo: 20 minutos
Cozimento: 30 minutos

---

25 g de trufa negra do Périgord (Provence)
16 ovos frescos
5 g de sal refinado
2 pitadas de pimenta branca moída
80 ml de creme de leite líquido
15 g de manteiga
2 g de sal marinho

1. Corte a trufa em tiras finas e reserve; uma parte será utilizada para rechear a omelete e a outra para o acabamento.

2. Bata os ovos, ponha sal e pimenta. Incorpore o creme de leite e misture. Em uma frigideira antiaderente, derreta a manteiga e despeje os ovos batidos. Utilizando uma espátula de silicone, traga constantemente as bordas da omelete em direção ao centro da frigideira, de modo que a parte ainda líquida seja empurrada para fora, enquanto a parte cozida fica no meio da frigideira. Após 30 segundos, desligue o fogo: a omelete estará pronta, mesmo se o centro permanecer mole – o cozimento será concluído graças ao calor armazenado. Reserve em local aquecido.

3. Espalhe uma parte das tiras de trufas no meio da omelete. Enrole-a sobre si mesma e corte-a em pedaços. Polvilhe com sal marinho, disponha o restante das tiras de trufa e sirva.

Brioche com cobertura de açúcar granulado

Rendimento: 12 minibrioches de 30 g ou 6 brioches de 60 g
Preparo: 25 minutos + 30 minutos
Cozimento: 12 a 15 minutos
Repouso: 5 horas + 2 horas e 30 minutos

Para a massa de brioche
140 g de farinha de trigo

20 g de açúcar cristalizado
2 g de sal
5 g de fermento de padeiro
2 ovos inteiros
90 g de manteiga
Para a parte externa dos brioches
20 g de farinha de trigo
1 ovo inteiro
80 g de açúcar granulado
Material
Um pincel

A MASSA DE BRIOCHE

1. Prepare a massa com antecedência. Coloque a farinha em uma tigela grande. Acrescente o açúcar e o sal de um lado e o fermento esmigalhado do outro. Atenção: o fermento não deve entrar em contato com o açúcar e com o sal antes que você comece a misturar a massa, para não perder as suas propriedades.

2. Em outra tigela, bata os ovos. Despeje ⅔ na farinha de trigo e comece a misturar todos os ingredientes com uma espátula de madeira; incorpore pouco a pouco o restante dos ovos. Em seguida, amasse a mistura à mão, até que a massa fique antiaderente, ou seja, até que ela se descole da superfície de trabalho. Incorpore a manteiga cortada em pequenos pedaços e continue amassando até que novamente se descole da superfície de trabalho.

3. Coloque a massa em uma tigela e cubra-a com um pano úmido ou com filme de PVC para alimentos; coloque-a em um local quente. Deixe a massa dobrar de volume (cerca de 2h30). Amasse-a para restaurar o seu volume inicial, dobre-a sobre si mesma e coloque-a na geladeira por mais 2h30; ela vai crescer e ganhar volume durante o resfriamento. Amasse-a e dobre-a sobre si mesma novamente. A massa está pronta para ser utilizada.

OS BRIOCHES

4. Em uma superfície enfarinhada, enrole a massa em forma de cilindro. Corte pedaços de massa de tamanhos iguais, pesando cada um cerca de 60 g (para os brioches) ou 30 g (para os minibrioches). Com a palma da sua mão, achate cada pedaço e dobre-o sobre si mesmo de modo a formar uma bolinha firme (compacta). Coloque as bolinhas em uma assadeira tipo tabuleiro forrada com papel-manteiga e as mantenha em temperatura ambiente. Deixe a massa dobrar de volume (cerca de 2h30); quanto mais elevada for a temperatura (não exceder 30 °C), mais rápido será o crescimento.

5. Preaqueça o forno a 180 °C. Em uma tigela, quebre o ovo e bata em forma de omelete; em seguida, usando um pincel, besunte as bolinhas de massa. Decore o topo das bolinhas com o açúcar granulado. Leve ao forno por 12 a 15 minutos até adquirirem uma coloração dourada.

Retire os brioches do forno, deixe esfriar ligeiramente e saboreie-os ainda mornos.

Bolo de rosas

Rendimento: 4 porções
Preparo: 1 hora e 30 minutos
Cozimento: 55 minutos
Repouso: 12 horas

Para a massa do bolo
35 g de manteiga + 20 g para untar a fôrma
105 g de farinha de trigo + 20 g para polvilhar a fôrma
½ sachê de fermento em pó
125 g de açúcar cristalizado
2 ovos inteiros
55 g de creme de leite espesso
1 pitada de sal
15 g de xarope de rosas

Para a calda de rosas
300 ml de água
250 g de açúcar cristalizado
20 ml de água de rosas
20 ml de xarope de rosas

Material
Uma fôrma de bolo de 25 x 8 x 8 cm

A MASSA DO BOLO
1. Unte uma fôrma de bolo; coloque um retângulo de papel-manteiga no fundo para facilitar desenformá-lo. Ponha a fôrma por 10 minutos na geladeira, para endurecer a manteiga. Retire, polvilhe com farinha de trigo, vire para baixo e dê tapinhas no fundo da fôrma para retirar o excesso.
2. Em uma panela pequena, amorne a manteiga até derretê-la. Peneire a farinha de trigo e o fermento em uma tigela. Em outra tigela, coloque o açúcar; adicione os ovos um a um, sem parar de bater, e em seguida despeje o creme de leite, o sal e o xarope de rosas. Usando uma espátula, misture a farinha, o fermento e, finalmente, a manteiga derretida morna.
3. Preaqueça o forno a 210 °C. Ponha a massa do bolo na fôrma. Asse durante 10 minutos, retire do forno e, usando uma faca, faça um corte na crosta que se formou, em sentido longitudinal. Retorne a fôrma imediatamente para o forno à temperatura de 180 °C e cozinhe por mais 45 minutos. Verifique o cozimento através da punção da ponta de uma faca no centro do bolo: ela deve sair limpa e seca, sem nenhum traço de massa.

A CALDA DE ROSAS
4. Enquanto o bolo assa no forno, prepare a calda. Leve a água, o açúcar, a água de rosas e o xarope de rosas à fervura. Retire e reserve.

FINALIZAÇÃO
5. Depois de retirar o bolo do forno, desenforme e coloque-o sobre uma grelha para esfriar e perder a umidade. Aqueça a calda e, em seguida, utilizando uma concha, cubra generosamente o bolo. Recupere a calda que tiver escorrido no prato e repita a operação duas vezes. Deixe o bolo arrefecer por pelo menos 12 horas e sirva.

A arte de receber

...
Montagem do cenário
BUQUÊ MATINAL

Sobre a mesa, lembre-se de pôr um pequeno buquê redondo de cabo curto. Você deve escolher flores bem frescas e levemente perfumadas, com pétalas delicadas de coloração suave ou viva, que combinam perfeitamente com essa hora do dia: hortênsias, rosas (evidentemente) ou ainda ervilha-de-cheiro, myoscotis, astromélias, lírios, amarílis, amor perfeito ou boca de leão, dependendo da época do ano. Pouco antes de pôr o buquê sobre a mesa, borrife água usando um vaporizador manual pequeno (tipo spray), de modo que as flores apresentem uma aparência de recém-colhidas, como que ainda cobertas com o orvalho da manhã.

...
Serviço de mesa
XÍCARAS DE CHÁ, DE CAFÉ OU DE CHOCOLATE

As xícaras como as conhecemos, com uma alça e com pires, nem sempre foram assim. Antes do século 18, o chá, o café e o chocolate – então bebidas certamente raras –, eram consumidas em simples tigelas pequenas (tipo bowls). Mais tarde, os grandes fabricantes franceses, alemães e ingleses adicionaram uma alça à tigela, um pires e... uma tampinha. As xícaras foram a partir de então evoluindo e se diversificando. As xícaras de chá são mais largas (evasês) e maiores em capacidade que as de café. As de chocolate, durante muito tempo tiveram duas alças.

...
Saber receber
PRATOS DE SOBREMESA

Os pratos de sobremesa e os pratos para servir o queijo apresentam tradicionalmente um formato pequeno (menos de 20 cm de diâmetro). Mas existem pratos ainda menores (com menos de 15 cm, às vezes 12 cm apenas): são reservados para a salada e para o pão. O prato de pão é colocado sempre à esquerda do prato principal; o prato de salada, frequentemente em formato de meia-lua, deve ser posto à direita, mas sua utilização está se sendo deixada de lado. Todos esses pratinhos são perfeitos para o brunch.

A Arte de Receber
LADURÉE

Piqueniques chiques

PIQUENIQUE BUCÓLICO

Terrina de foie gras com trufas

Mini-clubs (sanduíches) de lagosta

Gaspacho de legumes

Cupcakes de morango e ruibarbo

Macarons de menta-anis

Terrina de foie gras com trufas

Rendimento: para 6 pessoas
Preparo: 20 minutos
Cozimento: 20 minutos
Refrigeração: 1 hora + 2 dias

2 lóbulos de foie gras de pato de 600 g (sem nervos)
15 g de sal refinado
5 g de pimenta branca moída
10 ml de vinho do Porto tinto
10 g de trufa negra

Material
Uma fôrma para terrina de cerâmica

1. Coloque os lóbulos de foie gras sem os nervos em um prato fundo ou em uma travessa e tempere espalhando cuidadosamente o sal e a pimenta sobre eles. Regue com o vinho do Porto, cubra com filme plástico e coloque na geladeira por aproximadamente uma hora.
2. Corte a trufa em tiras bem finas usando um bandolim.
3. Monte a terrina: disponha o lóbulo maior, em seguida as trufas cortadas em tiras e, finalmente, o lóbulo menor. Pressione com força. Coloque a terrina em banho-maria e asse em forno preaquecido a 150 °C durante 20 minutos.
4. Após 20 minutos, remova a terrina do forno, deixe esfriar e pressione levemente o fígado com a tampa da fôrma, para permitir que a gordura escorra. Cubra bem a terrina com o filme plástico e coloque um peso em cima. Mantenha na geladeira por no mínimo dois dias antes de saboreá-la. Não retire o peso antes disso se você quiser conservar a terrina por vários dias.
5. Retire a terrina da geladeira bem na hora de servir e corte lindas fatias. Como acompanhamento, sirva uma fatia de kouglof, de pão de miga tostado ou de pão caseiro.

Recomendações do chef

Quando você pressionar o fígado, recupere a gordura eliminada por ele. Derreta, coe em uma peneira e, utilizando um pincel, besunte a terrina previamente desenformada com essa gordura. Certifique-se de que o foie gras esteja bem embalado e o conserve na parte de baixo da geladeira por uma semana.

Esta receita pode ser preparada com outros ingredientes, principalmente com frutas (maçãs, figos, frutas amarelas, frutas vermelhas, uvas) e com legumes (alcachofra, alho-poró, beterraba etc.).

Mini-club sandwich de lagosta

Rendimento: para 6 pessoas
Preparo: 30 minutos
Cozimento: 2 horas

250 g de tomate
12 g de sal refinado
20 ml de azeite de oliva
180 g de alface americana
80 g de maionese
1 pão de miga de 900 g fatiado
20 g de molho tártaro de algas
300 g de carne de lagosta em pedaços
120 g de salicórnia

1. Lave e corte os tomates em fatias de 4 mm de espessura. Ponha sal e regue com azeite de oliva. Coloque-os em uma assadeira tipo tabuleiro e deixe secar à temperatura de 80 °C durante 2 horas.
2. Corte a alface americana finamente e tempere com maionese.
3. Toste as fatias de pão de miga.
4. Sobre uma placa de corte, monte os *mini-clubs* na seguinte ordem: sobre uma fatia tostada de pão de miga, disponha sucessivamente um pouco de alface, fatias de tomate seco, uma fina camada de molho tártaro de algas, pedaços de lagosta, um pouco de salicórnia; repita as fatias de tomate seco e de alface. Cubra com uma segunda fatia de pão de miga torrada. Apare as bordas do pão e corte a fatia em quatro partes. Repita a mesma operação com as demais fatias.

Recomendação do chef
Os mini-clubs podem ser acompanhados por uma salada verde ou por batatas fritas.

Gaspacho de legumes

Rendimento: para 6 pessoas
Preparo: 35 minutos
Cozimento: 8 minutos
Repouso: 12 horas

50 g de pão de miga
50 ml de leite
100 g de ervilhas descascadas
200 g de tomates de tamanho médio
1 pimentão verde
200 g de pepino
60 g de cebolas novas
20 g de hortelã fresca
10 g de manjericão
1 dente de alho
8 g de sal refinado

2 g de pimenta de Espelette
30 ml de azeite de oliva
2 g de pimenta branca moída
20 ml de vinagre de Jerez

Coloque o pão de miga de molho no leite um dia antes.

1. Em uma panela de água fervente com sal, cozinhe as ervilhas. Deixe esfriar e reserve.
2. Lave todos os legumes e as ervas. Retire a pele dos tomates e corte-os em quatro partes. Corte os pimentões também em quatro, descasque-os e retire as sementes. Descasque e retire as sementes do pepino. Descasque as cebolas e corte-as em pedaços. Desfolhe a hortelã e o manjericão. Descasque e retire o pecíolo do alho.
3. Coloque todos os legumes e as ervas frescas na tigela plástica da batedeira. Bata durante 1 minuto e em seguida adicione o pão de miga escorrido. Tempere com o sal, a pimenta de Espelette, um fio de azeite de oliva e a pimenta branca moída. Despeje o vinagre de Jerez e misture novamente por mais um minuto. Passe a mistura através de uma peneira e reserve na geladeira. Sinta-se livre para corrigir o tempero, se necessário.

Cupcakes de morango e ruibarbo

Rendimento: 2 cupcakes
Preparo: 1 hora e 15 minutos
Cozimento: 6 minutos + 30 minutos + 20 minutos

Para a compota de ruibarbo
2 folhas de gelatina
100 g de ruibarbo
15 g de açúcar cristalizado

Para o suco de morango
200 g de morango
25 g de açúcar cristalizado

Para o bolo de morango
20 g de manteiga
55 g de farinha de trigo
¼ de sachê de fermento em pó
70 g de açúcar cristalizado
1 ovo inteiro
30 g de creme de leite espesso
1 pitada de sal
Algumas gotas de aroma de morango
Algumas gotas de corante vermelho
50 g de pasta de amêndoas rosa (marzipã) para o acabamento

Material
Caixinhas para cupcakes

A COMPOTA DE RUIBARBO

1. Coloque as folhas de gelatina para amolecer em uma tigela com água fria. Usando uma faca pequena, descasque o ruibarbo puxando o fio. Corte-o em pedaços. Em uma panela, misture o ruibarbo e o açúcar, cozinhe por 5 a 6 minutos, apenas o tempo necessário para a compota ficar macia. Retire do fogo e misture a gelatina amolecida e bem escorrida. Transfira a compota para uma tigela, cubra com filme plástico e reserve na geladeira.

O SUCO DE MORANGO

2. Lave os morangos delicadamente, retire os cabinhos e corte-os em pedaços. Coloque-os em banho-maria com o açúcar e cozinhe por 30 minutos em fogo bem baixo. Deixe arrefecer e coe; reserve.

O BOLO DE MORANGO

3. Em uma panela pequena, amorne a manteiga até derretê-la; retire do fogo imediatamente. Peneire a farinha de trigo e o fermento em pó em uma tigela pequena. Numa outra tigela, despeje o açúcar; adicione o ovo e misture com um batedor de claras; em seguida, despeje o creme de leite e o sal, sem parar de bater. Usando uma espátula de madeira ou uma espátula flexível, incorpore a mistura de farinha de trigo com fermento e a manteiga derretida ainda morna. Para finalizar, adicione o aroma e o corante de morango.

4. Preaqueça o forno a 210 °C. Guarneça as fôrmas para cupcakes de massa de bolo até 2 cm antes da borda. Asse por 20 minutos e remova-os do forno. Verifique o cozimento através da punção da ponta de uma faca no centro do bolo. A ponta da faca deve sair limpa e seca, sem nenhum traço de aderência. Deixe esfriar.

O ACABAMENTO

5. Usando uma colher de chá, faça uma cavidade na parte superior de cada cupcake e despeje uma generosa colher de sopa de suco de morango no interior da massa; os cupcakes ficarão umedecidos. Em seguida, deposite uma boa colherada de compota de ruibarbo na mesma cavidade. Estenda um pedacinho de pasta de amêndoas rosa e cubra os cupcakes. Decore como desejar e deguste.

...

Macarons de menta-anis

Peça esta sobremesa em uma loja Ladurée próxima de você.

A arte de receber

Cenário
PARA CADA CONVIDADO, UMA CESTA DE PIQUENIQUE

Se você tiver poucos convidados, prepare lindas cestas de piquenique bem chiques. No fundo de cada cesta coloque um pano de prato de linho branco ou em tom pastel, um guardanapo grande com monograma, guardanapos floridos de papel ou que combinem com os pratos, talheres de prata, um copo colorido de vidro ou de cristal lapidado (eles poderão ser diferentes em cada cesta), um pãozinho enfeitado com uma fita, um cardápio impresso. Inspire-se nas festas aristocráticas organizadas nos parques dos castelos ingleses. Uma louça rústica e acessórios que evoquem o campo irão completar o cenário.

Doce loucura
O CANTO DOS PÁSSAROS

Deixe a atmosfera musical do seu piquenique... com os pássaros! Em ambientes abertos, um viveiro é o ideal; em ambientes fechados, uma simples gaiola e alguns pássaros cantores (informe-se: nem todos os «cantos» dos pássaros são melodiosos) irão fascinar os ouvidos de seus convidados. Na falta de aves, há CDs que reúnem cantos de pássaros: a ilusão será perfeita. Se o jardim for fechado, uma galinha ou dois pintinhos no gramado darão um toque bucólico.

Dica
FRESCOR ASSEGURADO

Se a temperatura estiver agradável para os convidados, estará um pouco quente demais para os alimentos. Para manter o frescor e a bela aparência dos pratos, use os cubos de gelo do seu congelador e faça uma «bolsa de gelo» para ser usada como um descanso de prato (souplat).
Você pode embalar os cubos de gelo em guardanapos e deslizá-los sob a toalha de piquenique. Compre fôrmas de gelo adicionais, mas convém colocá-las na véspera no congelador.

PIQUENIQUE FAUVISTA

·•·

Éclairs (bombas) de alfazema e abacate

Cesta de legumes crus

Bolo salgado de salmão

Torta de limão

Telhas de chocolate com aroma de flores

·•·

Éclairs (bombas) de alfazema e abacate

Rendimento: para 6 pessoas
Preparo: 40 minutos
Cozimento: 25 minutos

Para a massa
100 ml de água
75 g de manteiga + 20 g para untar a fôrma
1 pitada de sal
80 g de farinha de trigo
3 ovos inteiros
1 ovo batido com 1 pitada de sal para pincelar a massa

Para o glacê
2 g de gelatina em folha
100 ml de creme de leite líquido
2 g de flor de alfazema (lavanda) + algumas para o acabamento
1 pitada de sal

Para o recheio
60 g de peixe-espada defumado
2 abacates
60 ml de suco de limão-siciliano
10 g de sal marinho
2 g de pimenta moída
1 g de folhas de sálvia

Material
Um saco de confeiteiro munido de um bico de 10 mm

A massa
1. Preaqueça o forno a 180 °C. Em uma panela, ferva a água com a manteiga cortada em pedaços e o sal. Retire do fogo, adicione a farinha de trigo de uma só vez na panela. Mexa com uma espátula de madeira até que a mistura forme uma massa espessa aderente à espátula. Coloque a panela em fogo baixo e "desidrate" (resseque) a massa por alguns segundos. Retire a panela do fogo e adicione os ovos, um após o outro, misturando a massa energicamente até que cada ovo se integre bem a ela (espere absorver um ovo antes de acrescentar o outro). A massa deve ficar pegajosa, mas não líquida. Adicione o último ovo gradualmente, para evitar que a mistura fique demasiadamente líquida e você corra o risco de perdê-la.

2. Despeje a massa no saco de confeitar munido com o bico, disponha em forma de éclairs sobre uma assadeira tipo tabuleiro untada com manteiga. Asse por 25 minutos aproximadamente. As éclairs devem ficar secas.

O glacê
3. Coloque a gelatina de molho numa tigela de água fria. Em uma panela, despeje o creme de leite líquido e adicione a flor de alfazema. Ferva, cubra e deixe em infusão por 5 minutos. Coe na peneira, adicione o sal e misture a gelatina escorrida. Reserve o glacê.

O recheio

4. Corte o peixe-espada defumado em cubos pequenos. Retire o caroço do abacate e o descasque. Amasse a polpa do abacate com um garfo, adicione o suco de limão, o sal, a pimenta e a sálvia finamente picada. Acrescente o peixe-espada, misture e despeje esse preparo no saco de confeiteiro guarnecido com o bico.

Finalização

5. Faça duas cavidades pequenas na parte inferior da massa de cada éclair e, usando o saco de confeiteiro, recheie-as com o purê de abacate. Para cobrir parcialmente as éclairs no glacê, mergulhe até a metade cada uma delas e decore com os pistilos de alfazema. Delicie-se.

...

Cesta de legumes crus

Rendimento: para 6 pessoas
Preparo: 30 minutos

Os legumes crus
2 pepinos
500 g de cenoura
1 aipo
1 couve-flor
1 brócolis
2 maços de rabanete
500 g de tomates cereja vermelho e amarelo
100 g de tomate sweet grape
Folhas verdes para a salada

Para o molho de queijo branco
500 g de queijo branco fresco
1 colher (de sopa) de azeite de oliva
1 colher (de sopa) de suco de limão
5 colheres de sopa de ervas finamente picadas
3 g de sal refinado

Para o molho de tomate
1 echalota picada
400 g de queijo branco fresco
2 colheres (de sopa) de vinagre de vinho
50 g de ketchup
Algumas gotas de tabasco
6 fios de cebolinha verde finamente picada
3 g de sal refinado

1. Descasque e corte os pepinos, as cenouras e os talos de aipo em palitos. Lave a couve-flor e o brócolis, separando-os em pequenos buquês. Lave os rabanetes, os tomates e as folhas verdes para a salada. Envolva os legumes, separadamente, em filme plástico para alimentos e os reserve na geladeira.

2. Prepare o molho de queijo branco e o molho de tomate, misturando a totalidade dos ingredientes. Reserve na geladeira em tigelas separadas.

3. Disponha os legumes de forma harmoniosa, borrife água e cubra com um pano de prato

borrife água e cubra com um pano de prato úmido. Assim que os convidados chegarem, retire o pano de prato e sirva junto com as tigelas de molho.

Recomendações do chef
Um creme chantilly salgado ou um taramasalata (pasta de ova defumada de peixe preparada com azeite e sumo de limão) podem acompanhar esta cesta de legumes apetitosa e nutritiva. Em um empório ou loja de delicatessen você poderá encontrar outras misturas e molhos saborosos, como cúrcuma-cenoura, espinafre-hortelã, framboesa-vinagre balsâmico e cereja-pimenta.

Opção de decoração
Cubra com papel alumínio um bloco de espuma floral, corte-o conforme a sua preferência, coloque palitos de dentes bem próximos uns dos outros e enfeite-os com legumes, harmonizando as cores conforme o seu gosto.

Bolo salgado de salmão

Rendimento: para 6 pessoas
Preparo: 25 minutos
Cozimento: 45 minutos

150 g de farinha de trigo
5 g de fermento em pó
400 ml de leite semidesnatado
20 ml de óleo de girassol
8 g de sal
2 g de pimenta branca moída
3 ovos inteiros
50 g de salmão fresco
100 g de salmão defumado
10 g de cebolinha verde (bem fina)
20 g de queijo comté ralado

Material
Uma fôrma de bolo de 20 centímetros

1. Em uma tigela, misture a farinha e o fermento em pó. Adicione o leite e bata delicadamente com um batedor de claras. Sem parar de bater, despeje o óleo de girassol. Tempere com sal e pimenta. Continue batendo. Incorpore os ovos um a um, batendo delicadamente após cada adição – o ovo custa a se juntar à mistura devido à presença do óleo, mas, depois de mexê-la um pouco, a massa torna-se homogênea.
2. Corte o salmão fresco em cubos de 1 cm e os adicione à mistura. Incorpore em seguida o salmão defumado finamente picado. Pique a cebolinha verde bem fininha, coloque-a na massa juntamente com o queijo comté ralado.
3. Despeje a massa na fôrma de bolo e leve ao forno por 45 minutos a 180 °C. Perfure-a com a ponta de uma faca para verificar o cozimento: a lâmina deve sair sem traços de aderência. O bolo pode ser servido morno ou frio, cortado em fatias ou em pedaços quadrados.

Recomendação do chef

Deixe a criatividade correr solta e sua habilidade manual fará o resto! Você pode modificar o formato do bolo optando por fôrmas individuais redondas ou até mesmo quadradas. O resultado será ainda mais divertido e inusitado.

...

Torta de limão

Peça esta sobremesa em uma loja Ladurée próxima de você.

...

Telhas de chocolate com aroma de flores

Rendimento: 10 telhas de cada sabor
Preparo: 35 minutos

300 g de chocolate branco
60 g de amêndoas picadas e grelhadas
1 gota de corante: vermelho, violeta
1 gota de aroma: de rosas, de violetas, de jasmim

Material
Um termômetro para chocolate

O CHOCOLATE DERRETIDO

1. Corte uma folha de papel-manteiga em tiras de 6 cm de largura. Pique finamente o chocolate branco e o derreta lentamente em banho-maria, mexendo regularmente. Usando um termômetro para chocolate, controle a temperatura, que deve atingir 45 °C no máximo. Assim que essa temperatura for atingida, remova a tigela do banho-maria e deixe o chocolate esfriar até 26 °C, mexendo regularmente.

A TEMPERATURA DO CHOCOLATE

2. Quando o chocolate atingir a temperatura de 26 °C, divida-o em três tigelinhas e depois reaqueça cada uma delas em banho-maria, para que chegue a uma temperatura de 28 °C, no máximo. Você acaba de realizar a curva de temperatura do chocolate.

O CHOCOLATE AROMATIZADO

3. Coloque em cada tigela 20 g de amêndoas picadas. Acrescente uma gota de corante vermelho e uma gota de aroma de rosas para as telhas com perfume de rosas; uma gota de corante violeta e uma gota de aroma de violetas para as telhas com perfume de violetas; uma gota de aroma de jasmim para as telhas com perfume de jasmim.

ACABAMENTO

4. Sobre as tiras de papel vegetal, usando uma colher, faça pequenos círculos de 4 cm de diâmetro com cada chocolate. Deposite a tira de papel sobre um rolo de massa: o chocolate irá esfriar e se condensará, obtendo a forma do rolo. Assim que descolá-lo do rolo, você terá pequenas telhas. Saboreie.

PIQUENIQUE TONIFICANTE

· · • · ·

Ovos de pata (ou de gansa) mimosa

Terrina de legumes com molho virgem

Patê assado (envolto em massa)

Club sandwich de pistache-cereja escura

Merengues de rosas e merengues de coco

· · • · ·

Ovos de pata (ou de gansa) mimosa

Rendimento: para 6 pessoas
Preparo: 20 minutos
Cozimento: 12 minutos

3 ovos de pata (ou de gansa)
10 g de sal
80 g de maionese
80 g de carne de caranguejo
10 g de salsa
2 g de pimenta branca
Para a maionese
1 gema de ovo
15 g de mostarda
120 ml de azeite de oliva
4 g de sal
1 pitada de pimenta
1 colher (de sopa) de suco de limão (opcional)

1. Em uma panela de água com sal, cozinhe os ovos por 12 minutos. Na primeira fervura, reduza o fogo e mantenha o cozimento. Assim que estiverem prontos, mergulhe os ovos em água fria.
2. Faça uma maionese com os ingredientes relacionados acima ou use uma maionese pronta comercialmente disponível. O suco de limão deve ser adicionado no último momento.
3. Descasque os ovos frios, corte-os no sentido longitudinal e separe as claras das gemas. Em um prato fundo, esfarele as gemas com um garfo, misture a metade das gemas amassadas com a maionese e a carne de caranguejo. Adicione a salsa finamente picada. Tempere com pimenta e misture cuidadosamente. Preencha as fatias de claras com essa mistura e, em seguida, as polvilhe com o restante das gemas esfareladas.
4. Disponha os ovos sobre uma salada feita com folhas verdes diversas. Sirva com pão caseiro torrado e aproveite.

Terrina de legumes com molho virgem

Rendimento: para 6 pessoas
Preparo: 1 hora
Cozimento: 1 hora e 10 minutos + 25 minutos.
Repouso: 12 horas

Para o molho virgem
100 g de tomates bem maduros
50 g de echalotas
10 folhas de manjericão
1 limão-siciliano
50 ml de azeite de oliva
Sal, pimenta branca

Para a terrina
400 g de tomates de tamanho médio

10 g de sal
50 ml de azeite de oliva + 2 colheres (de sopa)
200 g de berinjela
200 g de abobrinhas
10 g de tomilho
120 g de cebola
80 g de azeitonas pretas
10 g de manjericão

Material
Uma fôrma de bolo de 20 cm

O molho virgem e a terrina devem ser preparados no dia anterior.

O MOLHO VIRGEM

1. Ferva uma panela com água. Com a ponta de uma faca, faça uma cruz na base dos tomates sobre os cabinhos e os mergulhe em água fervente. Após alguns segundos, retire-os com uma escumadeira e coloque-os imediatamente em água fria. Retire a pele dos tomates e corte-os em quatro partes. Retire as sementes e pique em cubos pequenos. Coloque-os em uma tigela.

2. Pique finamente as echalotas e as folhas de manjericão; adicione-as ao tomate. Descasque ½ limão-siciliano. Separe os gomos, retire as sementes e corte a polpa em cubos bem pequenos. Despeje na tigela e esprema o suco do meio limão restante. Adicione o azeite de oliva, o sal e a pimenta. Deixe marinar por 12 horas.

A TERRINA

3. Lave e corte os tomates em fatias de 4 mm de espessura. Tempere com sal e regue com 20 ml de azeite de oliva. Coloque as fatias de tomate em uma assadeira tipo tabuleiro e leve ao forno para secar à temperatura de 80 °C durante 1 hora. Reserve esses tomates secos.

4. Preaqueça o forno a 180 °C. Corte a berinjela e a abobrinha no sentido do comprimento. Besunte-as com 30 ml azeite de oliva e polvilhe com tomilho. Forre uma fôrma tipo tabuleiro com papel-manteiga, coloque os legumes cortados e asse-os por 10 minutos.

5. Corte as cebolas em cubos. Em uma frigideira, refogue-as por 20 minutos em fogo baixo com 2 colheres de azeite de oliva. Pique as azeitonas pretas e as adicione juntamente com o manjericão. Cozinhe por mais 5 minutos.

6. Forre a fôrma de bolo com filme plástico deixando bastante sobra nas laterais. Coloque primeiramente as fatias de berinjela no fundo, depois faça uma camada de tomate seco, uma camada de cebola e finalmente uma camada de abobrinha. Repita as camadas sucessivamente. Dobre as fatias de berinjela e do filme plástico de fora para dentro. Coloque uma tábua sob um peso (uma lata de conserva, por exemplo) sobre a terrina e leve à geladeira por 12 horas.

7. Sirva no dia seguinte, gelada, com molho virgem.

Recomendação do chef

A terrina de legumes é um dos pratos carro-chefe da nossa herança culinária (patrimônio gastronômico). Pode ser consumida em qualquer época do ano, tanto no verão como no inverno. As possibilidades de escolha são várias em relação à variedade de legumes que pode ser utilizada para o seu preparo.

Patê assado (envolto em massa)

Preparo: 1 hora
Cozimento: 1 hora e 30 minutos
Repouso: 24 horas

Para o recheio
300 g de carne de porco (lombo, filé ou costeleta)
200 g de carne de vitela (bife ou paleta)
10 g de sal
4 g de pimenta branca moída
4 g de açúcar cristalizado
2 g de noz-moscada moída
8 colheres (de chá) de conhaque
60 g de echalota
60 g de cebola
5 g de tomilho
1 folha de louro
5 g de salsa
20 g de manteiga
2 ovos inteiros

Para a massa
500 g de farinha de trigo
15 g de sal
1 colher (de sopa) de azeite
250 ml de água ou leite
250 g de manteiga
1 ovo inteiro para o acabamento

Material
Uma fôrma de bolo de 25 cm

O RECHEIO

1. Com uma faca bem afiada, pique 150 g de carne de porco e 100 g de carne de vitela em pedaços pequenos. Passe o restante da carne no liquidificador ou no moedor de carne (processador de alimentos) para obter um recheio fino. Misture tudo em uma tigela com sal, pimenta, açúcar, noz-moscada e conhaque. Por cima, coloque as echalotas e as cebolas picadas em cubos; acrescente o tomilho, o louro e a salsa finamente picada. Cubra a tigela com filme plástico e deixe marinar por 24 horas na geladeira.

A MASSA

2. Peneire a farinha de trigo em uma tigela. Faça uma cavidade no centro, adicione o sal e o azeite. Acrescente a água ou o leite aos poucos, misturando com uma colher, e em seguida amasse com as mãos até ficar um pouco firme. Abra a massa com a palma da mão e deposite sobre ela um pouco de manteiga cortada em fatias. Dobre a massa sobre ela mesma e repita a operação várias vezes, até que toda a manteiga seja absorvida. Dê alguns golpes na bola de massa várias vezes e a deixe descansar por 12 horas, no mínimo.

3. No dia do cozimento, estenda a massa utilizando um rolo até obter uma espessura de 5 mm. Dobre-a em três e, em seguida, espalhe-a

novamente. Repita essa mesma operação mais duas vezes, girando a massa e dobrando-a sobre si mesma.

O PATÊ

4. Finalize o preparo do recheio. Retire as echalotas, as cebolas e as ervas de cima do recheio; transfira-as por alguns segundos para uma frigideira untada com manteiga para remover o gosto amargo; incorpore-as ao recheio. Bata dois ovos e os adicione ao recheio.
5. Coloque o recheio no meio da massa, pincele com água e cubra o patê.
Faça duas cavidades na parte superior e coloque duas chaminés feitas com papel para panificação para permitir a saída do vapor durante o cozimento. Pincela a massa com um ovo batido.
6. Coloque o patê envolto com a massa sobre uma folha de papel alumínio e a introduza na fôrma de bolo. Asse em forno preaquecido por 15 minutos a 220 °C; em seguida, reduza a temperatura para 200 °C e mantenha por mais 1h15. Deixe esfriar, corte em fatias e sirva.

Recomendação do chef

O patê assado envolto em massa combina muito bem com uma salada de brotos e ervas finas, temperada com vinagrete feito com azeite de oliva, azeite e lascas de trufas de verão.

•••

Club sandwich de pistache-cereja escura

Peça esta iguaria em uma loja Ladurée próxima de você.

Merengues de rosas e merengues de coco

Rendimento: 100 merengues de cada sabor
Preparo: 40 minutos
Cozimento: 2 horas e 30 minutos

Para os merengues de rosas
120 g de açúcar de confeiteiro
4 claras
120 g de açúcar cristalizado
Algumas gotas de corante vermelho
Algumas gotas de essência de rosas

Para os merengues de coco
120 g de açúcar de confeiteiro
4 claras
120 g de açúcar cristalizado
Algumas gotas de aroma de coco
40 g de coco ralado

Material
Um saco de confeiteiro com um bico canelado pequeno

1. Preaqueça o forno a 100 °C. Peneire o açúcar de confeiteiro. Em uma tigela, bata as claras em ponto de neve com um batedor de claras. Assim que apresentarem uma consistência de espuma, adicione 40 g de açúcar cristalizado e continue batendo até que fiquem bem firmes. Adicione mais 40 g de açúcar cristalizado e bata novamente por mais 1 minuto; despeje o açúcar cristalizado restante e bata por mais 1 minuto.
2. Para os merengues de rosas, adicione o corante e a essência de rosas. Para os merengues de coco, adicione o aroma de coco.
3. Usando uma espátula flexível, misture delicadamente o açúcar de confeiteiro peneirado.
4. Forre uma fôrma tipo tabuleiro com uma folha de papel-manteiga e, usando o saco de confeitar munido com o bico, faça os merengues em forma de pequenos picos. Leve ao forno os merengues de rosas. Polvilhe os merengues de coco com coco ralado antes de levá-los ao forno.
5. Deixe-os assando durante 2h30.

Os merengues devem ser assados lentamente, até ficarem sequinhos. Cuide para que não dourem tão rapidamente. Deixe-os esfriar. Guarde-os em um recipiente hermeticamente fechado.

A arte de receber

...

Saber receber

CONSIDERE O CONFORTO DE SEUS CONVIDADOS EM AMBIENTES EXTERNOS

Lembre-se de usar o guarda-sol (ele pode ser alugado) ou de ter chapéus de palha de todos os modelos, se fizer sol. Você pode comprar vários chapéus bem simples e valorizá-los com longas fitas ou flores nas cores da decoração da festa. Cada convidado poderá ir embora com um chapéu como uma bela lembrança. Caso faça frio, os xales, as mantas e os aquecedores ao ar livre serão muito bem-vindos. Pense também em usar velas e inseticida espirais para afastar os insetos (vespas, mosquitos etc.), caso haja algum risco de aparecerem.

...

Dica

REFRIGERADORES (COOLERS) IMPROVISADOS

Para manter as bebidas geladas, o ideal é encomendar barras de gelo para uma empresa especializada. Se estiver muito quente, considere pedir uma quantidade generosa. As garrafas podem ser postas em recipientes improvisados cheios de gelo para que se mantenham refrigeradas. Grandes bacias de zinco, vasos amplos de plástico, tudo é possível. Basta fazer uma decoração caprichada em volta desses recipientes com lindas coroas de flores, por exemplo, ou ramos de parreira, galhos de glicínias, ramos de hera etc.

...

Cenário

TRAGA A NATUREZA PARA DENTRO DE CASA

Se você não dispõe de um jardim e a primavera lhe dá uma irresistível vontade de ter contato com a natureza, traga algumas plantas para dentro de casa! Você pode comprar um rolo ou leivas de grama e colocar em vários lugares (mesmo sobre a mesa, desde que sob a grama haja uma toalha de oleado e a mesa seja de madeira), comprar pequenos fardos de feno, que podem servir de mesas laterais e que ficarão muito originais (com essa decoração rústica, combine uma louça suntuosa), e pôr sementes ou pétalas de flores sobre as toalhas, além de longos ramos de hera que podem ser pendurados nos lustres... Inove!

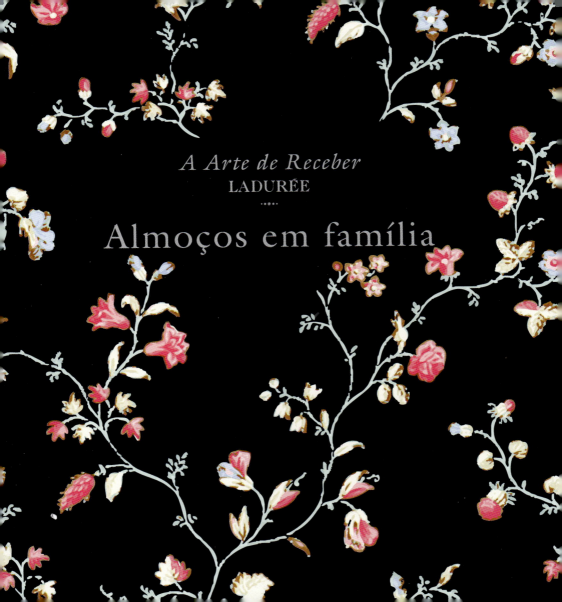

ALMOÇO NO JARDIM

Carpaccio de lagostim com gengibre

Filé-mignon assado com purê de batatas azuis e violetas cristalizadas

Religieuses de flor de laranjeira

Carpaccio de lagostim com gengibre

Rendimento: para 6 pessoas
Preparo: 45 minutos
Refrigeração: 30 minutos

1,8 kg de lagostins frescos calibre 16/20
80 g de gengibre
80 g de queijo parmesão
100 g de rúcula
100 g de limão verde orgânico
20 ml de azeite de oliva
10 g de sal marinho
Pimenta branca moída

O CARPACCIO

1. Descasque os lagostins crus tendo o cuidado de não danificá-los; em seguida, remova a parte preta dorsal, puxando-a delicadamente para fora. Coloque-os em um prato e os reserve no congelador durante 30 minutos, para endurecê-los.
2. Usando uma faca bem afiada, corte fatias ultrafinas; cuidado, trata-se de uma operação bastante delicada. Disponha as fatias de lagostins sobre travessas, à medida que for cortando-os. Ponha de 5 a 6 lagostins por travessa. Cubra cada travessa com filme plástico e as mantenha na geladeira.

A GUARNIÇÃO E O TEMPERO

3. Descasque e corte o gengibre em cubos de 2 mm. Faça lascas de queijo parmesão com um descascador de legumes. Lave e escorra a rúcula. Rale finamente a casca do limão verde.
4. Esprema os limões, misture o suco de limão com o azeite de oliva; tempere com sal e pimenta.

FINALIZAÇÃO

5. Polvilhe os lagostins fatiados com lascas de queijo parmesão, com o gengibre picado em cubos, as raspas de limão e a rúcula. Pouco antes de servir, despeje o tempero sobre o carpaccio.

Recomendação do chef

Uma entrada fresca e saborosa, tão adequada para uma refeição leve de verão como para um momento comemorativo. Simples e rápido de preparar, este prato é também a solução ideal para uma refeição improvisada no último momento.

Filé-mignon assado com purê de batatas azuis e violetas cristalizadas

Rendimento: para 6 pessoas
Preparo: 1 hora
Cozimento: 4 a 8 minutos

Para a carne bovina
1,2 kg de filé-mignon
15 g de sal refinado
3 g de pimenta branca moída
20 g de manteiga

Para as batatas azuis
1,2 kg de batatas azuis
Sal refinado
100 ml de leite
80 g de manteiga
Sal, pimenta branca moída
Óleo para fritar
10 g de sal marinho
120 g de violetas cristalizadas para a decoração

A CARNE BOVINA
1. Retire os nervos do filé-mignon e corte-o em porções de 150 g. Tempere com sal e pimenta. Em uma frigideira, refogue a carne com 20 g de manteiga. Doure um pouco a carne (sem excessos) e leve-a ao forno preaquecido a uma temperatura de 180 °C durante 4 a 8 minutos, dependendo do grau de cozimento desejado.

AS BATATAS AZUIS
2. Descasque as batatas e reserve duas delas em água fria para fazer os chips. Coloque as batatas em uma panela, adicione água até cobri-las, ponha sal e cozinhe em fogo baixo por 40 minutos. Elas devem ficar bem macias. Escorra-as e, em seguida, coloque-as no liquidificador (ou no processador de alimentos). Incorpore ao purê de batatas azuis o leite quente e a manteiga derretida; tempere com sal e pimenta.
3. Corte as duas batatas cruas reservadas em fatias finas. Mergulhe-as no óleo quente até dourá-las. Escorra-as sobre papel absorvente e tempere com sal imediatamente, para preservar a crocância.

O ACABAMENTO
4. Disponha duas colheradas de purê de batatas azuis em cada prato e adicione um pedaço de filé-mignon. Salpique com sal marinho, decore com chips de batatas azuis e algumas violetas cristalizadas.

Recomendação do chef

Com as aparas do filé-mignon, você pode preparar um molho rápido que utiliza o suco natural (jus) resultante do cozimento da carne. Em uma frigideira funda, doure as aparas no óleo quente, adicione uma cebola, uma cenoura e um talo de aipo picados e um bouquet garni. Cubra com água, cozinhe durante 30 minutos e passe na peneira. Ferva até reduzir o caldo à consistência desejada.

...

Religieuses de flor de laranjeira

Rendimento: 4 religieuses
Preparo: 1 hora
Cozimento: 1 hora

Para a massa choux
120 g de farinha de trigo
100 ml de leite integral
100 ml de água
10 g de açúcar cristalizado
1 pitada de sal
80 g de manteiga + 20 g para untar a fôrma
4 ovos inteiros

Para o creme de confeiteiro de flor de laranjeira
4 gemas
80 g de açúcar cristalizado
30 g de amido de milho
400 ml de leite integral
25 g de manteiga
40 ml de água de flor de laranja

Para o fondant de flor de laranjeira
100 ml de água
100 g de açúcar cristalizado
80 g de chocolate branco
120 g de fondant branco
1 colher (de sopa) de água de flor de laranjeira
Algumas gotas de corante verde

Material
Um saco de confeiteiro munido com um bico de 8 mm

A MASSA CHOUX

1. Peneire a farinha de trigo. Em uma panela ferva o leite, a água, o açúcar, o sal, a manteiga e em seguida retire do fogo. Adicione a farinha de trigo à mistura líquida mexendo vigorosamente com uma espátula para homogeneizá-la. Coloque a panela em fogo baixo e mexa a massa vigorosamente durante 1 minuto, até desidratá-la. Transfira para uma tigela e incorpore os ovos um a um usando uma espátula, tendo o cuidado de misturar bem cada um deles.

2. Quando a massa estiver homogênea, faça quatro carolinas (com aproximadamente 6 cm de diâmetro) usando o saco de confeitar e mais quatro carolinas menores (com aproximadamente 3 cm de diâmetro) em uma assadeira tipo tabuleiro, untada com manteiga. Asse a 175 °C durante 1 hora. Deixe esfriar.

O CREME DE CONFEITEIRO DE FLOR DE LARANJEIRA

3. Em uma tigela, bata as gemas e o açúcar até que a mistura fique levemente esbranquiçada; incorpore o amido de milho. Despeje o leite em uma panela e, em seguida, leve-o à fervura; despeje ⅓ de leite quente sobre a mistura de ovos, açúcar e amido de milho e bata com um batedor de claras. Despeje o líquido em uma panela, deixe ferver e vá mexendo com um batedor de claras, raspando constantemente as laterais da panela. Retire o creme do fogo e despeje-o em uma tigela. Deixe esfriar por 10 minutos de forma que ele permaneça ainda quente, mas sem ficar pelando, e em seguida adicione a manteiga, mexendo constantemente. Cubra a tigela com um filme plástico e espere até o creme esfriar completamente.

4. Assim que estiver frio, bata o creme com um batedor de claras para homogeneizá-lo e adicione a água de flor de laranjeira. Utilizando o bico nº 8 sem o saco de confeitar, faça uma cavidade na parte inferior de cada carolina. Com o saco de confeitar munido com o bico, recheie as carolinas frias com o creme de confeiteiro de flor de laranjeira.

O FONDANT DE FLOR DE LARANJEIRA

5. Despeje a água em uma panela, adicione o açúcar e deixe ferver. Retire a panela do fogo assim que o açúcar estiver completamente derretido. Deixe a calda esfriar. Coloque o chocolate branco para derreter em um recipiente em banho-maria. Em uma panela, aqueça levemente o fondant com 10 colheradas de sopa da calda de açúcar recém--preparada e, em seguida, misture o chocolate branco derretido; despeje a água de flor de laranjeira e adicione algumas gotas do corante alimentar de sua preferência.

ACABAMENTO

6. Mergulhe a parte superior das carolinas menores no fondant e as reserve. Em seguida, mergulhe a parte superior das carolinas maiores e coloque imediatamente as carolinas menores (o topo) sobre as carolinas maiores (a base).

Variação

Para fazer uma religieuse de pétalas de rosas, prepare 400 g de creme de rosas adicionando ao creme de confeiteiro básico: 1 colher de sopa de água de rosas, 2 colheres de sopa de xarope de rosas e 3 gotas de essência natural de rosas.

Para o fondant de rosas: 80 g de chocolate branco, 120 g de fondant branco, cinco colheres de sopa de xarope de rosas, 4 gotas de essência de rosas e algumas gotas de corante alimentar vermelho.

A arte de receber

...

Representação

O CHARME DOS MARCADORES DE LUGAR

Se você for receber mais de seis convidados, prepare marcadores de lugar. Tradicionalmente, são cartões pequenos de cartolina dobrada ao meio sobre os quais se escreve o nome de cada comensal. Mas você pode usar a sua imaginação. Reutilize cartões postais antigos sobre os quais você pode colar uma pequena etiqueta com o nome do convidado; use uma fita para amarrar um cartãozinho de papel colorido no guardanapo; utilize seixos e escreva o nome do conviva com uma caneta prata; coloque uma pinha, uma estrela do mar etc.

DIVIRTA-SE COM GUARDANAPOS DE PAPEL

Existe uma variedade enorme de guardanapos de papel com motivos encantadores que trarão para a mesa um toque colorido ou desenhos que evocam a temática da refeição. Escolha-os com muito cuidado para que combinem com os pratos, com a toalha da mesa e até mesmo com o cardápio. Não hesite em espalhá-los sobre a toalha. Dois guardanapos de cores diferentes enrolados um dentro do outro ou dobrados juntos darão de imediato a ideia de que não estão lá por uma razão prática, mas para embelezar ainda mais a mesa. Aliás, você também pode harmonizá-los com os clássicos guardanapos de tecido.

...

Saber receber

PLANO DE MESA

O lugar dos convidados em volta da mesa segue um verdadeiro protocolo.
Os anfitriões presidem na cabeceira ou ficam no centro da mesa. À direita da anfitriã é o lugar de honra, que é reservado ao convidado que desejamos reverenciar ou àquele que é convidado pela primeira vez. A esposa deste deve sentar-se à direita do anfitrião. O segundo lugar de honra fica à esquerda da anfitriã, e assim por diante.

ALMOÇO DE DOMINGO

· · ● · ·

Religieuses de cogumelos silvestres

Carne de cordeiro com baunilha e compota de maçã

Verrines de coulis de maracujá, mousse e
merengue de coco com palitos de abacaxi

· · ● · ·

Religieuses de cogumelos silvestres

Rendimento: para 6 pessoas
Preparo: 1 hora
Cozimento: 30 minutos
Repouso: 2 horas

50 g de cogumelos morilles frescos
50 g de cogumelos porcini
300 g de cogumelos Paris
2 g de folha de gelatina
40 g de echalotas
10 g de salsa fresca
20 ml de azeite de oliva + 20 ml
2 colheres (de chá) de sal
1 colher (de chá) de pimenta branca moída
200 ml de leite semidesnatado
400 g de queijo fresco cremoso (tipo cottage)
6 carolinas (a base e o topo)

Material
Um saco de confeiteiro guarnecido com um bico de 10 mm

1. Lave os cogumelos separadamente. Separe dois cogumelos morilles para a decoração e reserve 100 g de cogumelos Paris; em seguida, corte o restante dos cogumelos em cubos de 5 mm
2. Em uma tigela, coloque as folhas de gelatina embebidas em um pouco de água fria e deixe amolecer. Descasque as echalotas e corte-as em cubos pequenos. Desfolhe a salsa, corte-a finamente e reserve.
3. Em uma panela, aqueça um fio azeite de oliva e adicione 100 g de cogumelos Paris; tempere com sal, pimenta e cozinhe em fogo brando por 15 minutos. Mexa de vez em quando. Adicione o leite e prolongue o cozimento por mais 5 minutos. Misture bem até obter uma textura homogênea, ajuste o tempero se necessário e junte a gelatina bem escorrida. Reserve esta cobertura.
4. Refogue as echalotas em um fio de azeite de oliva. Deixe cozinhar por alguns minutos, em seguida adicione os cubos de cogumelo morilles, os porcini e os cogumelos Paris. Cozinhe em fogo brando por 10 minutos, adicione o sal, a pimenta e reserve. Em uma tigela, misture o queijo branco fresco, os cogumelos cozidos e a salsa finamente picada. Corrija o tempero, se necessário.
5. Faça uma cavidade na base da carolina e aplique o recheio de cogumelos utilizando um saco de confeitar. Recheie também o topo. Cubra a base das carolinas mergulhando a metade superior na cobertura feita com cogumelos. Coloque-os em um prato. Repita a operação de cobertura do topo das carolinas. Coloque o topo sobre a base e decore com fatias de cogumelo morilles, após tê-los refogado em uma frigideira com azeite de oliva.

Recomendações do chef
Você pode encomendar as carolinas em uma padaria ou confeitaria.
O preço exorbitante dos cogumelos muitas vezes nos

afugenta e às vezes nos faz desistir da maravilhosa experiência de prepará-los. Mas, eventualmente, dê a você esse luxo! Escolha os mais bonitos, secos na superfície e de aparência tentadora. Os cogumelos murchos são perceptíveis à primeira vista.

Carne de cordeiro com baunilha e compota de maçã

Rendimento: para 6 pessoas
Preparo: 35 minutos
Cozimento: 6 horas

---

6 souris de cordeiro (parte final do pernil traseiro do cordeiro)
2 favas de baunilha
100 ml de azeite de oliva
10 g de sal
2 g de pimenta branca moída
700 g de maçãs reinette (ou produto local)
40 g de manteiga
10 g de sal marinho

---

1. Tempere a carne de cordeiro com sal e pimenta. Divida as favas de baunilha ao meio no sentido do comprimento e retire a polpa com as costas de uma faca pequena. Coloque a carne em uma travessa refratária, despeje o azeite de oliva e acrescente as favas de baunilha raspadas. Reserve a polpa. Cubra a travessa refratária com várias camadas de papel alumínio e leve ao forno à temperatura de 80 °C durante 6 horas. A carne deve ficar bem macia.
2. Remova a carne da assadeira, recupere o suco (caldo) do cozimento e o coe para separar a gordura. Deixe-o reduzir lentamente em uma panela. Verifique e corrija o tempero se necessário e mantenha o caldo aquecido.
3. Descasque, retire o caroço e corte as maçãs em cubos de 1 cm. Derreta a manteiga em uma frigideira grande, adicione as maçãs cortadas em cubos e cozinhe lentamente, como uma compota. Ponha sal e pimenta e adicione a polpa de baunilha antes de prosseguir o cozimento.
4. Disponha em cada prato, utilizando um aro cortador redondo, a compota de maçã preparada com baunilha e a carne de cordeiro. Circunde com o caldo do cozimento e salpique com sal marinho.

Recomendação do chef

Mus musculus em latim significa «rato pequeno» e deu origem à palavra em francês «muscle» (músculo) por analogia entre o músculo sob a pele e um rato sob um lençol. Aqui, a souris (músculo do pernil) do carneiro reúne os dois sentidos: é um músculo que, além disso, tem a forma do pequeno roedor!

Verrines de coulis de maracujá, mousse e merengue de coco com palitos de abacaxi

Rendimento: 6 verrines
Preparo: 1 hora e 20 minutos
Cozimento: 2 horas
Refrigeração: 2 horas

Para o coulis (suco de polpa) de maracujá gelificado
3 folhas de gelatina
400 ml de suco de maracujá

Para a mousse de coco
2 folhas de gelatina
180 g de purê de coco
125 g de coco ralado
100 ml de creme de leite líquido

Para o merengue de coco
60 g de açúcar de confeiteiro
2 claras
60 g de açúcar cristalizado
25 g de coco ralado
1 fatia de abacaxi fresco

Material
Um saco de confeiteiro munido com um bico canelado de 6 mm

O COULIS (SUCO DE POLPA) DE MARACUJÁ GELIFICADO

1. Coloque as folhas de gelatina para amolecer em água gelada por 10 minutos. Em uma panela, amorne 80 ml de suco de maracujá. Escorra as folhas de gelatina e as esprema bem para extrair todo o excesso de água; incorpore a gelatina no suco de maracujá morno, mexendo até dissolvê-la. Despeje essa mistura sobre o restante do suco de maracujá frio e misture bem.
2. Divida o coulis cobrindo o fundo de 6 copos (ou tigelas de vidro). Coloque os copos na geladeira por 20 minutos para que fique gelificado.

PARA A MOUSSE DE COCO

3. Coloque as folhas de gelatina para amolecer em água gelada por 10 minutos. Em uma panela, amorne 30 gramas de purê de coco. Escorra as folhas de gelatina e esprema bem para extrair o excesso de água; incorpore-as ao purê morno mexendo até dissolvê-las. Despeje essa mistura sobre o restante do purê de coco, misture bem e em seguida adicione o coco ralado. Bata o creme de leite líquido com um batedor de claras e o incorpore delicadamente à mistura precedente.
4. Retire as verrines (copos) da geladeira e despeje a mousse de coco sobre o coulis gelificado. Reserve.

O merengue de coco

5. Preaqueça o forno a 100 °C. Peneire o açúcar de confeiteiro. Em uma tigela, bata as claras em neve com um batedor de claras. Assim que adquirirem uma consistência de espuma, adicione 20 g de açúcar cristalizado e continue batendo até que fiquem bem firmes. Adicione novamente 20 g de açúcar cristalizado e bata por mais 1 minuto; despeje os últimos 20 g de açúcar cristalizado e bata novamente, por mais 1 minuto. Usando uma espátula flexível, incorpore delicadamente o açúcar de confeiteiro peneirado.

6. Em uma fôrma tipo tabuleiro forrada com papel-manteiga e usando um saco de confeitar com o bico, faça os merengues em forma de pequenos picos e, em seguida, polvilhe o coco ralado. Asse durante 2 horas a 100 °C.
Os merengues devem assar lentamente, até ficarem bem sequinhos; cuide para que não fiquem corados. Deixe-os arrefecer e armazene em um recipiente hermeticamente fechado.

7. Pouco antes de servir, pique o abacaxi formando pequenos palitos e os coloque sobre a mousse de coco. Disponha os merengues de coco de forma aleatória ao lado dos palitos de abacaxi. Sirva.

Recomendação do chef

Você pode servir a verrine acompanhada de uma telha de coco pequena (biscoito extremamente fino), preparada conforme a seguinte receita:
Em uma tigela, misture 3 claras e 100 g de açúcar de confeiteiro; em seguida, adicione 100 g de manteiga derretida e 100 g de farinha de trigo. Finalize colocando 40 g de coco ralado. Deixe a massa descansar durante 2 horas na geladeira. Preaqueça o forno a 160 °C. Em uma fôrma tipo tabuleiro forrada com papel-manteiga, coloque pequenas colheradas de massa. Asse até dourar. Quando tirá-las do forno, retire-as da fôrma e deposite-as delicadamente sobre um rolo de massa, para que obtenham uma bela forma ondulada. Conserve-as em um recipiente hermeticamente fechado.

ALMOÇO PRIMAVERIL

· ● ● ·

Gaspacho de ervilha e chá verde com menta

Salmonete com cenoura e morangos brancos

Torta de pêssego com verbena

· ● ● ·

Gaspacho de ervilha e chá verde com menta

Rendimento: para 6 pessoas
Preparo: 30 minutos
Cozimento: 6 minutos
Refrigeração: 1 hora

---

10 g de hortelã fresca
500 g de ervilhas frescas sem a casca
10 g de sal
10 g de xarope de menta
200 ml de creme de leite líquido
20 g de chá verde Ladurée
Sal, pimenta branca moída
10 g de sal marinho
20 ml de azeite de oliva

---

1. Desfolhe a hortelã, mergulhe as folhas e os caules em água fervente durante 10 segundos e em seguida misture um pouco de água fria. Esfrie o chá de hortelã e reserve.
2. Ferva uma panela com água previamente salgada. Adicione as ervilhas e as cozinhe por 6 minutos. Escorra-as e as misture imediatamente ao chá de hortelã, até obter um líquido pastoso, bem homogêneo, com uma bela coloração verde. Tempere com sal e adicione o xarope de menta. Deixe esfriar. Reserve essa mistura de ervilhas com hortelã.
3. Ferva o creme de leite líquido e, em seguida, fora do fogo, adicione o chá verde. Deixe em infusão por 5 minutos, coe numa peneira e deixe esfriar na geladeira. Após uma hora, bata vigorosamente o creme de leite até que ele aumente de volume. Tempere com sal e pimenta.
4. Divida o gaspacho de ervilhas com hortelã em seis copos (ou taças). Coloque com cuidado uma colherada de creme de leite batido (em ponto de chantilly) com chá verde sobre o gaspacho, polvilhe com sal marinho e despeje um fio de azeite oliva. Saboreie.

Recomendação do chef

A ervilha fresca é cultivada em algumas regiões de abril a julho. Fora desse período, não hesite em utilizar ervilhas congeladas para realizar esta receita. Especialmente no inverno, quando você pode apreciar este prato quente.

Salmonete com cenoura e morangos brancos

Rendimento: para 6 pessoas
Preparo: 45 minutos
Cozimento: 20 minutos

Para as cenouras
100 g de cenoura
100 g de cenoura amarela
100 g de cenoura roxa
100 g de cenoura branca
Sal, pimenta branca moída

Para os morangos
70 g de morango vermelho
100 ml de vinagre de vinho
70 g de morango branco

Para o salmonete
12 filés de salmonete com aproximadamente 100 g cada (ou tainha ou vermelho)
15 g de sal refinado
3 g de pimenta branca moída
30 ml de azeite de oliva
20 g de manteiga

Finalização
10 g de salicórnia
20 g de geleia de morango Ladurée
10 g de sal marinho

As cenouras
1. Descasque e corte todas as cenouras em tiras de 2 mm de espessura. Mergulhe-as em água fervente com sal e cozinhe por apenas alguns minutos, de forma que mantenham a crocância. Mergulhe-as logo em seguida em água gelada. Escorra e as reserve em uma travessa entre dois panos de prato.

Os morangos
2. Retire o cabinho dos morangos vermelhos e bata-os no liquidificador. Em uma panela pequena em fogo médio, reduza o vinagre de vinho pela metade. Incorpore-o ao suco de morango, tempere com sal, pimenta e reserve. Retire o cabinho dos morangos brancos e os reserve.

O salmonete
3. Tempere os filés de salmonete dos dois lados. Despeje um fio de azeite de oliva em uma frigideira antiaderente fria e disponha os filés com o lado da pele virado para baixo. Inicie o cozimento em fogo baixo, conte 3 minutos e depois, delicadamente, vire o peixe e prolongue o cozimento por mais 2 minutos.

4. Derreta a manteiga numa frigideira e esquente as cenouras em fogo baixo.

FINALIZAÇÃO
5. Disponha em um prato um pedaço de salmonete, adicione as cenouras cortadas em tiras e finalize colocando um segundo filé de salmonete sobre as cenouras. Decore com o suco de morango feito no vinagre, com a salicórnia, com os morangos brancos e com uma colherada pequena de geleia de morango. Polvilhe com sal marinho e saboreie.

Recomendações do chef

O salmonete é um peixe pequeno que apresenta uma bela coloração vermelho-rósea. Costuma-se reservar o seu fígado para colocar em molhos ou em recheios. A carne do salmonete é excelente e oferece uma textura muito boa. O seu sabor pronunciado e muito característico a torna uma iguaria. O filé de salmonete requer muita atenção e cuidado durante o cozimento, para que evitemos danificar esta bela e delicada carne.

O morango branco é um produto novo, tipicamente sazonal; não estando disponível, ele pode ser substituído pelo morango mais comum, o vermelho.

Torta de pêssego com verbena

Rendimento: para 4 pessoas
Preparo: 1 hora e 5 minutos
Cozimento: 28 minutos
Repouso: 12 horas
Refrigeração: 1 hora
Infusão: 15 minutos

Para a massa doce de amêndoas
120 g de manteiga + 20 g para untar a fôrma
70 g de açúcar de confeiteiro
25 g de amêndoas em pó (ou farinha de amêndoas)
1 pitada de sal marinho
1 ovo inteiro
200 g de farinha de trigo + 20 g para o plano de trabalho

Para a panna cotta com verbena
5 folhas de gelatina
400 ml de creme de leite líquido + 100 ml
250 g de leite integral
75 g de açúcar cristalizado
10 g de verbena fresca

Para os pêssegos assados
6 pêssegos amarelos
25 g de açúcar cristalizado

Material
Uma fôrma para torta de 20 cm de diâmetro
Legumes secos

A MASSA DOCE DE AMÊNDOAS

1. Corte a manteiga em pedaços pequenos e coloque-a em uma tigela; amasse para homogeneizá-la e, em seguida, adicione os seguintes ingredientes: o açúcar de confeiteiro peneirado, a farinha de amêndoas, o sal marinho, o ovo inteiro e, finalmente, a farinha de trigo. Misture, mas sem trabalhar demais a massa, somente pelo tempo suficiente para que ela se aglomere. Enrole-a no formato de uma bola e a envolva em filme plástico; coloque-a na geladeira por 12 horas.

2. Em uma superfície enfarinhada, estenda a massa com dois milímetros de espessura e coloque-a na fôrma para torta previamente untada. Deixe-a durante uma hora na geladeira.

3. Preaqueça o forno a 170 °C. Usando um garfo, perfure a massa para evitar que entre ar e ela aumente de tamanho durante o cozimento, cubra com um disco de papel-manteiga cuidadosamente colocado nos ângulos, para manter durante o cozimento. Coloque alguns bagos de feijão sobre o disco de papel-manteiga.

4. Leve a massa ao forno por 20 minutos aproximadamente, até que ela obtenha uma bela coloração dourada. Tire-a do forno, remova os bagos de feijão e o papel-manteiga.

Se, após retirar o papel-manteiga, a massa não estiver dourada, coloque-a descoberta novamente no forno para finalizar o cozimento e dar coloração. Retire-a do forno e deixe esfriar.

A PANNA COTTA COM VERBENA

5. Coloque as folhas de gelatina para amolecer por 10 minutos em água gelada, em seguida, escorra-as e as esprema bem, para extrair o excesso de água. Ferva 400 ml de creme de leite, o leite e o açúcar. Adicione a verbena e deixe em infusão durante 15 minutos. Coe e em seguida incorpore a gelatina amolecida. Deixe esfriar.

6. Enquanto isso, bata os 100 g de creme e incorpore-o delicadamente à primeira mistura, que já estará fria. Despeje a panna cotta sobre a massa da torta, que já deve ter esfriado, e congele.

OS PÊSSEGOS ASSADOS

7. Preaqueça o forno a 160 °C. Lave os pêssegos e corte-os em fatias pequenas.

Disponha as fatias sobre uma fôrma tipo tabuleiro forrada com papel-manteiga.

Polvilhe levemente com açúcar cristalizado e leve ao forno durante 8 minutos. Assim que estiverem assados e tiverem esfriado, descasque-os e os disponha sobre a torta. Sirva.

A arte de receber

...

Saiba receber
QUAL A TOALHA PARA A MESA?

Há mesas e toalhas redondas, quadradas, ovais, retangulares. Mas não há uma norma ou obrigatoriedade de usarmos uma toalha redonda sobre uma mesa redonda. Pelo contrário, uma toalha de mesa quadrada muitas vezes terá um caimento mais elegante em uma mesa redonda. O mesmo efeito ocorre com uma toalha de mesa retangular em uma mesa oval. Para que a cobertura da mesa esteja impecável, lembre-se de pôr uma camada de tecido suave sob a toalha para proporcionar maciez, proteger a mesa e abafar o som dos pratos e dos talheres. Como último detalhe, você terá apenas que passar a ferro o tecido da toalha para eliminar qualquer amassado a fim de que fique perfeitamente lisa para ser usada. Apenas as dobras do comprimento são toleradas nas toalhas retangulares.

...

Dica

TRÊS TOALHAS EM UMA
Se, para um almoço com muitos convidados, você não tiver uma toalha suficientemente grande, utilize três toalhas de tamanho médio: duas que você deverá colocar nas cabeceiras da mesa e que irão até o chão e uma terceira que cobrirá o tampo da mesa.

...

Questão de estilo

UMA PEQUENA LEMBRANÇA PARA CADA CONVIDADO

Este é um costume encantador que veio dos Estados Unidos: oferecer uma pequena lembrança ou uma atenção especial para cada convidado. A intenção é o que conta, e não o valor do objeto: pode ser uma simples rosa do jardim com uma mensagem escrita sobre um belo cartão personalizado; ou uma foto antiga da família impressa e colocada em um mini porta-retrato moderno (há muitas opções de escolha em lojas de decoração); ou ainda um pote de geleia caseira, etiquetado com o nome de cada convidado.

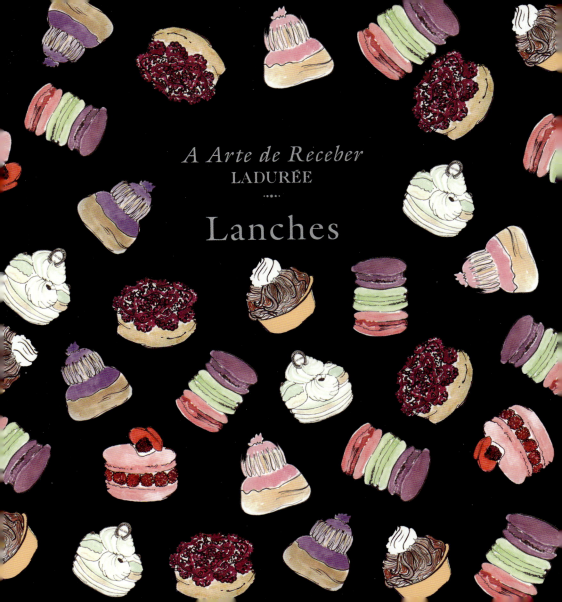

A Arte de Receber
LADURÉE

Lanches

LANCHE ROSA

· ● ● ● ·

Milk-shake de rosas

Charlote de hortelã e frutas vermelhas

Sorvete de cereja com amêndoas

· ● ● ● ·

Milk-shake de rosas

Rendimento: 4 milk-shakes
Preparo: 1 hora e 30 minutos para o sorvete + 5 minutos
Repouso: 3 horas (para o sorvete)

Para o sorvete de rosas (1 litro)
50 ml de leite
120 ml de creme de leite líquido
70 ml de xarope de rosas
50 ml de água de rosas
8 gemas
135 g de açúcar cristalizado

Para os milk-shakes
500 ml de leite integral

Material
Uma sorveteira

O SORVETE DE ROSAS

1. Em uma panela, ferva o leite e o creme de leite. Retire do fogo, adicione o xarope e a água de rosas. Em uma tigela grande, bata as gemas e o açúcar até que a mistura fique ligeiramente esbranquiçada. Despeje ⅓ da mistura líquida de creme de leite e leite sobre a mistura de ovos e açúcar, bata com um batedor de claras e despeje tudo na panela.
2. Cozinhe em fogo baixo o preparo acima mexendo sempre com uma colher de madeira, até que o creme fique espesso. Cuidado: este creme não pode atingir o ponto de fervura (o cozimento deve ser feito até a temperatura de 85 °C). Quando adquirir uma consistência de cobertura, remova-o do fogo e o despeje imediatamente em uma tigela grande, para interromper o cozimento. Continue mexendo durante 5 minutos para que o creme fique macio.
3. Despeje o creme na sorveteira. Bata o sorvete três horas antes de servir para que ele adquira uma boa textura.
4. Você também pode preparar o sorvete de rosas com vários dias de antecedência e mantê-lo no congelador. Neste caso, assim que ele estiver pronto, transfira-o para uma fôrma de gelo e a coloque no congelador.

OS MILK-SHAKES

5. Tire o sorvete da geladeira com uma antecedência de 10 minutos, para que fique macio. No liquidificador, coloque oito bolas de sorvete, despeje o leite frio e bata para homogeneizar a mistura congelada. Despeje em uma bela taça ou copo e sirva imediatamente.

Variações
Esta receita pode ser feita com vários sabores de sorvete: café, chocolate, caramelo etc.
Para os milk-shakes de frutas, por exemplo, de morangos, utilize 50 g de morangos frescos, bata com leite e sorvete de morango.

Charlote de hortelã e frutas vermelhas

Rendimento: para 4 pessoas
Preparo: 2 horas e 15 minutos
Cozimento: 10 minutos
Refrigeração: 2 horas e 15 minutost

Para a massa (tipo Palitos Franceses)
120 g de farinha de trigo
120 g de fécula de batata
10 ovos inteiros
250 g de açúcar cristalizado
Algumas gotas de corante vermelho

Para as frutas vermelhas cristalizadas com hortelã
1 folha de gelatina
200 g de framboesa
200 g de groselha preta (cassis)
150 g de cereja
150 g de açúcar cristalizado
1 g de pectina de maçã
10 a 15 gotas de extrato de hortelã (ou extrato de menta)

Para a mousse de queijo brancot
3 folhas de gelatina
300 ml de creme de leite líquido
2 gemas
80 g de açúcar cristalizado
30 ml de água
250 g de queijo branco fresco

Montagem
300 g de morango
100 g de framboesa
80 g de amora
Algumas folhas de hortelã fresca

Material
Um aro redondo de inox de
20 cm de diâmetro x 5 cm de altura
Um saco de confeiteiro com um bico de 10 mm

A MASSA

1. Peneire a farinha de trigo e a fécula de batata juntas. Separe as claras das gemas; reserve as claras. Em uma tigela grande, misture as gemas com a metade do açúcar, usando um batedor de claras, até que a mistura fique esbranquiçada. Numa outra tigela, bata as claras em neve; assim que elas ficarem brancas e com uma consistência de espuma, incorpore o restante do açúcar e continue batendo até que fiquem bem firmes. Adicione delicadamente às claras em neve a mistura feita com o açúcar e as gemas: misture ligeiramente e em seguida incorpore, polvilhando, a farinha de trigo e a fécula de batata, tendo o cuidado de mexer no meio da tigela e ao longo das bordas de modo a trazer a massa em direção ao centro da tigela, girando-a regularmente. Despeje algumas gotas de corante vermelho. Você deve obter uma mistura lisa e homogênea.

2. Forre três fôrmas tipo tabuleiro bem planas com uma folha de papel-manteiga. Sobre as duas primeiras folhas, desenhe um círculo de 20 cm de diâmetro. Na terceira folha, desenhe um retângulo de 32 x 12 cm. Preaqueça o forno a 170 °C. Usando uma espátula inclinada, espalhe a massa dentro do retângulo com uma espessura de cinco milímetros. Despeje o restante da massa dentro do saco de confeitar munido com o bico e faça dois discos de massa (em movimento espiral) sobre as outras duas fôrmas. Asse imediatamente as três massas por 10 minutos. Retire do forno e deixe esfriar.

AS FRUTAS VERMELHAS CRISTALIZADAS COM HORTELÃ

3. Amoleça a folha de gelatina em uma tigela com água gelada. Em uma panela, coloque as framboesas, as groselhas, as cerejas e a metade do açúcar. Cozinhe essa mistura em fogo baixo até atingir o ponto de compota durante 10 a 12 minutos, e em seguida adicione o restante do açúcar misturado com a pectina; ferva por aproximadamente 1 minuto. Retire do fogo e incorpore a folha de gelatina bem escorrida. Deixe esfriar; adicione algumas gotas (a seu critério) de extrato de hortelã. Reserve.

A MOUSSE DE QUEIJO BRANCO

4. Amoleça as folhas de gelatina em uma tigela pequena com água gelada. Despeje o creme de leite líquido em uma tigela gelada e bata até obter um creme firme tipo chantilly. Ele deve ficar leve e aerado (veja o método detalhado de fazer creme chantilly na receita da página 156). Despeje as gemas na tigela da batedeira e bata na velocidade média. Em uma panela pequena, ferva a mistura de açúcar com água por 2 minutos exatos e despeje essa calda quente na tigela de plástico da batedeira em funcionamento (atenção: despeje suavemente para não correr o risco de receber respingos de açúcar quente sobre as mãos, já que, para que a preparação seja bem-sucedida, o batedor da batedeira deve permanecer girando). Em seguida, adicione na tigela da batedeira a gelatina bem escorrida e deixe crescer essa mistura até que esteja completamente arrefecida. Despeje o queijo branco em uma tigela e incorpore delicadamente a mistura de gemas com açúcar. Finalize a mousse adicionando o creme batido com uma espátula de silicone.

A MONTAGEM

5. Vire o retângulo de massa sobre uma folha de papel-manteiga e descole delicadamente a folha que cobria o fundo da fôrma durante o cozimento. Corte duas tiras de massa com cinco cm de largura. Coloque uma tira ao longo do aro redondo de inox por dentro, para poder guarnecer a totalidade da altura, e use a segunda tira de massa para dar continuidade. Corte o excesso com uma faca pequena. Descole os discos de papel-manteiga da massa após o cozimento, se necessário, para que eles se encaixem perfeitamente no aro redondo de inox. O ideal é que a espessura seja de 1 cm. Se eles cresceram muito, não hesite em diminuir, aparando um

pouco (com uma faca) a espessura. Coloque o primeiro disco de massa no aro de inox.

6. Guarneça a fôrma com as frutas vermelhas cristalizadas com hortelã com aproximadamente 1 cm de espessura e reserve na geladeira por 15 minutos. Lave os morangos, as framboesas e as amoras. Corte os morangos em fatias de cinco milímetros de espessura e os reserve. Usando uma concha, cubra as frutas vermelhas cristalizadas com uma fina camada de mousse de queijo branco, guarnecendo a fôrma até a metade. Coloque o segundo disco de massa por cima. Espalhe parte das framboesas, dos morangos e das amoras (a metade, aproximadamente, reservando o restante para o acabamento) sobre o segundo disco de massa e cubra levemente até embaixo da lateral com a mousse de queijo branco. Reserve na geladeira por 2 horas. Decore harmoniosamente a parte superior e central com o restante das frutas e das folhas de hortelã frescas. Saboreie.

Sorvete de cereja com amêndoas

Rendimento: 1 litro de sorvete, aproximadamente
Preparo: 30 minutos
Repouso: 3 horas

450 g de cerejas frescas
90 ml de leite integral
150 ml de creme de leite líquido
180 g de açúcar cristalizado
1 gota de extrato de amêndoas

Material
Uma sorveteira

1. Lave cuidadosamente as cerejas e, em seguida, retire o caroço. Usando um liquidificador, faça um purê de cereja e o despeje em uma panela pequena. Adicione o leite, o creme de leite e o açúcar.
2. Aqueça essa mistura em fogo baixo até atingir 85 °C. Quando o creme adquirir uma consistência de cobertura, retire do fogo e o despeje em um recipiente grande, para interromper o cozimento. Continue mexendo durante 5 minutos, até adquirir uma consistência pastosa. Incorpore a gota de extrato de amêndoas.
3. Despeje o preparo na sorveteira. Bata o sorvete por 3 horas até obter uma boa textura e sirva.

A arte de receber

•••
Cenário
UMA DECORAÇÃO EM TONS DE ROSA

Harmonizar a decoração do ambiente com os pratos que serão servidos é uma ideia de extrema elegância. Especialmente se o denominador comum do cardápio for o rosa. Pense primeiro na decoração da mesa: a toalha e os guardanapos (você pode tingi-los, se necessário), pequenos buquês de flores cor-de-rosa (podem ser de rosas, é claro, mas também de lisiantus, de alelis, de ervilhas-de-cheiro etc.), taças de doces (macarons, balas, bombons pastilhas etc.). Inclua também na decoração alguns objetos dessa cor que você já tenha em casa, como lenços e xales, deixando-os sobre os sofás ou sobre as mesas laterais. Para finalizar, substitua por uma noite as lâmpadas «luz do dia» por lâmpadas com coloração rosa pastel, que produzem uma iluminação bem suave.

•••
Saber receber
APRESENTAÇÕES E CONVERSAS

É a anfitriã quem tem o papel de deixar os convidados à vontade e de dar o tom da conversa. Se os convidados não se conhecem, adicione às apresentações de hábito um ou dois detalhes (que você já tenha pensado com antecedência) sobre a pessoa apresentada, que poderão incitar o início de uma conversa – locais de residência e de férias, hobby, profissão etc. Explore, no bom sentido, os pontos em comum.

•••
Dica
COBRIR DE PRATA UMA PEÇA EM METAL

Às vezes nos deixamos seduzir em um mercado das pulgas ou até mesmo em uma loja de antiguidades por um lindo bule de chá, uma travessa para peixe ou uma pá de bolo cujo metal prateado esteja um pouco gasto. Pode acontecer também que o serviço para chá ou para café de prata herdado de nossas avós traga marcas adquiridas ao longo de muitos anos de leal serviço. Podemos considerar inclusive a possibilidade de restaurar talheres, pratos ou peças moldadas. Essa prática dá excelentes resultados. O profissional contratado poderá aproveitar a oportunidade para desamassar uma cafeteira ou uma legumeira, fixar um cabo ou uma alça. Mas qualquer galvanização bem feita é cara. Ou seja, um processo que deve ser reservado exclusivamente às peças que valem a pena.

LANCHE BAUNILHA-CAFÉ

· ··●·· ·

Café vienense

Financiers de chocolate

Biscoito amanteigado de avelã com canela

Creme chantilly de rosas e creme chantilly de baunilha

· ··●·· ·

Café vienense

Rendimento: para 6 pessoas
Preparo: 15 minutos

Para o creme chantilly
300 ml de creme de leite líquido
25 g de açúcar de confeiteiro

Café
6 xícaras de café bem quente

Material
Um saco de confeiteiro com um bico canelado de 14 milímetros

1. O creme de leite líquido deve ser mantido na geladeira até o momento de ser utilizado; ele deve estar bem gelado para ser batido com um batedor de claras. Coloque uma tigela em aço inox no congelador para que fique bem gelada.
2. Despeje o creme de leite frio na tigela de inox gelada e bata vigorosamente. Assim que o creme de leite tiver engrossado, adicione o açúcar e continue batendo, até que esteja suficientemente firme. Reserve na geladeira.
3. Prepare o café e coloque-o em xícaras. Usando o saco de confeitar guarnecido com o bico, faça uma roseta de creme chantilly sobre o café. Sirva imediatamente.

Variação
Para fazer um chocolate vienense, siga a receita básica de chocolate frio com laranja (ver página 247), mas, obviamente, sem a geleia e sem as raspas de laranja. Prepare um creme chantilly com canela: ferva 500 ml de creme de leite líquido, 40 g de açúcar de confeiteiro e um pau de canela. Deixe na geladeira por 24 horas. Bata com o batedor de claras até atingir o ponto de creme chantilly.

Financiers de chocolate

Rendimento: 20 financiers, aproximadamente
Preparo: 20 minutos
Cozimento: 6 a 8 minutos
Repouso: 12 horas no mínimo

80 g de manteiga sem sal + 20 g para untar as forminhas
25 g de chocolate amargo com 70% de cacau
150 g de açúcar de confeiteiro
50 g de farinha de amêndoas
3 pitadas de fermento em pó
15 g de cacau em pó
40 g de farinha de trigo
4 claras

Material
Fôrmas para financiers (ou fôrmas para colombinho) de 9 x 4 cm

1. Em uma panela, derreta 80 g de manteiga. Num outro recipiente, derreta o chocolate amargo. Em uma tigela, misture o açúcar de confeiteiro, a farinha de amêndoas, o fermento, o cacau em pó, a farinha de trigo e, em seguida, incorpore as claras progressivamente, sem parar de mexer com uma espátula, para evitar a formação de grumos. Por último, acrescente a manteiga morna e o chocolate derretido; misture bem.
2. Reserve a massa na geladeira por 12 horas, no mínimo.
3. No dia seguinte, preaqueça o forno a 210 °C. Derreta 20 g de manteiga e, usando um pincel pequeno, unte as forminhas. Despeje a massa preenchendo ¾ da altura das forminhas para financiers.
4. Leve ao forno e asse por 6 a 8 minutos. Retire do forno e deixe esfriar ligeiramente. Desenforme e coloque-os sobre uma grelha para esfriar completamente.

Recomendação do chef
A massa crua pode ser mantida por 2 a 3 dias na geladeira, num recipiente coberto; retire-a da geladeira e asse a qualquer momento, conforme a sua necessidade.

Biscoito amanteigado de avelã com canela

Rendimento: de 25 a 30 biscoitos
Preparo: 35 minutos
Cozimento: 15 minutos
Repouso: 2 horas no mínimo

150 g de manteiga sem sal
1 pitada de sal marinho
1 pitada de canela em pó
40 g de açúcar de confeiteiro
120 g de avelãs moídas
50 g de avelãs tostadas picadas
1 ovo inteiro
170 g de farinha de trigo + 20 g para o plano de trabalho

Material
Um cortador de biscoito com 60 mm de diâmetro

A massa deve ser preparada preferencialmente na véspera, para ser mais fácil de esticá-la.

1. Corte a manteiga em pedaços pequenos e coloque-a em uma tigela. Amasse-a para homogeneizá-la e adicione os demais ingredientes um a um (o sal marinho, a canela, o açúcar de confeiteiro, as avelãs moídas, as avelãs tostadas, o ovo e, para finalizar, a farinha de trigo), tendo o cuidado de misturar bem cada um deles à massa.

Se você tiver uma batedeira, pode utilizá-la para misturar os ingredientes. Mexa a massa somente o tempo necessário para unir tudo.

2. Enrole a massa, faça uma bola e a envolva em filme plástico; coloque na geladeira por algumas horas antes de utilizar.

3. Preaqueça o forno a 160 °C. Em uma superfície enfarinhada, usando um rolo, estique a massa até que fique com aproximadamente 2 mm de espessura. Com o cortador de biscoitos, faça discos e coloque-os em uma fôrma tipo tabuleiro forrada com papel-manteiga. Asse por 15 minutos até dourar. Deixe-os esfriar e saboreie.

Variação

Para fazer biscoitos amanteigados de amêndoas com anis, substitua as avelãs pela mesma quantidade de amêndoas inteiras e substitua a canela por uma pitada pequena de anis em pó.

...

Creme chantilly de rosas e creme chantilly de baunilha

Rendimento: ½ litro de creme chantilly
Preparo: 10 minutos

500 ml de creme de leite líquido
40 g de açúcar de confeiteiro
2 colheres (de sopa) de xarope de rosas ou
A polpa de 1 fava de baunilha

1. O creme de leite líquido deve ser conservado na geladeira até o momento de ser utilizado; Ele deve estar bem gelado para ser batido. Coloque uma tigela de aço inox no congelador para que fique gelada também.

2. Despeje o creme de leite líquido na tigela de aço inox gelada e bata vigorosamente com um batedor de claras. Assim que o creme se tornar espesso, adicione o açúcar e o xarope de rosas ou o açúcar e a baunilha, e continue batendo até que o creme fique suficientemente firme. Reserve na geladeira.

A arte de receber

•••
Cenário
A ESCOLHA DAS FLORES

Colocar flores sobre a mesa traz charme ao ambiente, desde que a escolha seja adequada. Evite as muito perfumadas, cuja fragrância possa interferir no aroma dos alimentos, como o lírio, a gardênia e o lilás, que são um deleite no jardim, mas raramente sobre a mesa do jantar. Escolha flores bem frescas, para que não murchem durante a refeição e também para que não se desfolhem, provocando uma chuva de pétalas sobre os pratos – evite, portanto, as rosas que já desabrocharam.

•••
Saber receber
CONVITES

Se você optar por fazer os convites por escrito, não os faça na última hora. Prepare-os com três semanas de antecedência, no mínimo. Esse período permitirá que você se organize e, se necessário, haverá tempo para enviar um convite para um casal de amigos próximos em caso de impossibilidade de comparecimento de algum dos convidados inicialmente previstos.
No convite, especifique obviamente o dia e a hora do evento, coloque o seu endereço e um número de telefone e dê alguma indicação sobre a natureza da recepção: «Lanche descontraído», por exemplo, ou «Piquenique no jardim»; ela servirá como pista para os seus convidados sobre o «dress code», ou seja, a vestimenta adequada para a ocasião.

•••
Dica
CAFÉ QUENTE

Ao contrário do chocolate quente, não se deve aquecer o café (ou o chá), com exceção de fazê-lo no forno de micro-ondas. No entanto, você pode prepará-lo alguns minutos antes do início do evento e mantê-lo na cozinha em uma garrafa térmica. No momento de servir, transfira-o para uma bela cafeteira ou um bule de café.

LANCHE CHOCOLATE COM FRUTAS

· • • ·

Chocolate frio com laranja

Tortinhas de chocolate com framboesa

Sorvete de melão

· • • ·

Chocolate frio com laranja

Rendimento: 4 taças de chocolate
Preparo: 20 minutos
Refrigeração: 1 hora no mínimo

600 ml de leite integral
100 ml de creme de leite líquido
Raspas de uma laranja
180 g de chocolate amargo com 70% de cacau
35 g de geleia de laranja

1. Em uma panela, coloque o leite, o creme de leite e as raspas de laranja para ferver.
2. Pique o chocolate em pedaços pequenos. Fora do fogo, adicione os pedaços de chocolate e mexa com um batedor de claras; misture para obter um líquido homogêneo e em seguida junte a geleia de laranja.
3. Reserve na geladeira. Despeje o chocolate frio em taças; saboreie.

Variação

Você pode aromatizar o chocolate de outra forma, substituindo as raspas e a geleia de laranja por 5 g de gengibre ralado, por exemplo, ou por 25 g de pasta de pistache para 1 litro de chocolate quente ou frio.

Tortinhas de chocolate com framboesa

Rendimento: 4 tortinhas
Preparo: 1 hora e 30 minutos
Cozimento: 20 minutos
Repouso: 12 horas
Refrigeração: 1 hora + 1 hora

Para a massa das tortinhas de chocolate
130 g de manteiga sem sal + 20 g para untar as fôrmas
80 g de açúcar de confeiteiro
70 g de farinha de amêndoas
20 g de cacau em pó
1 ovo inteiro
250 g de farinha de trigo + 20 g para a superfície de trabalho

Para a ganache de framboesa
100 ml de creme de leite líquido
250 g de framboesas frescas
320 g de chocolate amargo com 64% de cacau
70 g de manteiga sem sal

Para a decoração
250 g de framboesas frescas

Material
4 forminhas redondas, leguminosas secas

A massa deve ser preparada no dia anterior.

A MASSA DAS TORTINHAS DE CHOCOLATE

1. Corte a manteiga em pedaços pequenos e coloque-a em uma tigela; amasse-a para homogeneizá-la e adicione os outros ingredientes (o açúcar de confeiteiro peneirado, a farinha de amêndoas, o cacau em pó, o ovo e, finalmente, a farinha de trigo) um a um, certificando-se de misturá-los bem à massa. Misture sem trabalhá-la muito (sem sová-la), apenas o tempo necessário para que fique homogênea. Enrole a massa formando uma bola e a envolva em filme plástico; coloque na geladeira por 12 horas.

2. Em uma superfície enfarinhada, abra e estique a massa até obter 2 mm de espessura e coloque-a nas forminhas redondas previamente untadas. Reserve-as uma hora na geladeira. Preaqueça o forno a 170 °C. Enquanto isso, usando um garfo, perfure a massa para evitar que ela cresça durante o cozimento e cubra-a com um disco de papel-manteiga. Coloque grãos de feijão cru sobre o papel-manteiga. Repita a mesma operação para as quatro fôrmas. Leve ao forno para assar por aproximadamente 20 minutos.

3. Retire as tortinhas do forno, remova os grãos de feijão e o papel-manteiga. Se, após retirar o papel, a massa não estiver suficientemente assada, leve-a novamente ao forno, sem cobri-la, para terminar o cozimento. Retire do forno e deixe esfriar.

A GANACHE DE FRAMBOESA

4. Em uma panela pequena, ferva o creme e as framboesas. Mexa bem essa mistura e, em seguida, coe. Ferva novamente o preparo e o despeje sobre o chocolate picado.
Misture delicadamente com uma espátula de silicone, fazendo pequenos círculos de dentro para fora. Verifique a temperatura da mistura e, quando se aproximar de 50 °C, adicione a manteiga cortada em cubos pequenos e mexa.

5. Usando uma concha pequena, guarneça as tortinhas com a ganache de framboesa. Reserve na geladeira por pelo menos 1 hora.

A MONTAGEM

6. Retire as tortinhas da geladeira e em seguida disponha harmoniosamente as framboesas frescas sobre a ganache. Decore como desejar e sirva.

Variação

Prepare tortinhas de chocolate com amora:
280 g de amoras silvestres + 200 g para a decoração
300 ml de creme de leite líquido
500 g de chocolate com 64% de cacau
110 g de manteiga sem sal

1. *Misture as amoras com o creme de leite e coe o preparo para eliminar as sementes de amora. Em uma panela pequena, ferva o creme de amoras e o despeje sobre o chocolate picado finamente. Misture delicadamente com uma espátula, adicione a manteiga em pedaços pequenos e junte a ganache, a fim de emulsioná-la.*
2. *Guarneça as tortinhas previamente assadas com a ganache de amora e leve à geladeira por 1 hora, no mínimo. Disponha harmoniosamente o restante das amoras silvestres sobre as tortinhas.*

...

Sorvete de melão

Rendimento: 1 litro de sorvete, aproximadamente
Preparo: 45 minutos
Repouso: 3 horas

120 ml de água
225 g de açúcar cristalizado
600 g de polpa de melão maduro
20 ml de suco de limão-siciliano

Material
Uma sorveteira

1. Em uma panela, ferva a água e o açúcar e depois deixe esfriar completamente. Descasque e retire as sementes do melão; pese 600 g da polpa e corte-a em pequenos pedaços. Despeje a calda de açúcar e os pedaços de melão no liquidificador. Bata e em seguida adicione o suco de limão.
2. Despeje o preparo na sorveteira. Siga as instruções do fabricante; o sorvete deve ser preparado 3 horas antes de ser servido, para que adquira uma boa textura.
3. Você pode conservar o sorvete de melão por vários dias. Nesse caso, quando estiver pronto, transfira-o para uma fôrma de gelo e o reserve no congelador. Tire-o do congelador 10 minutos antes de servir, para que amoleça um pouco.

Variação

Você pode fazer uma infusão com verbena fresca e acrescentá-la ao sorvete: para isso, obtenha meio maço de verbena, aproximadamente, para cada dois litros de sorvete.
Também é possível substituir a mesma quantidade de melão por melancia e fazer uma infusão com ½ fava de baunilha para 2 litros de sorvete.

A arte de receber

•••
Questão de estilo
HORA DE MISTURAR A LOUÇA

Quando a louça é bonita, podemos desemparelhá-la. A mistura de cores e motivos produz um efeito de coleção bem alegre. O ideal é escolher um tema ou um estilo: o azul de Sèvres, a faiança branca com bordas em ouro, a decoração (da louça) com motivos de caça, o rosa de Limoges, a porcelana de Paris etc. No decorrer de um lanche descontraído, utilize copos, tigelinhas, taças etc., pois são muito mais divertidos e criativos do que servir toda a comida em um mesmo tipo de prato. As belas taças antigas de champanhe são perfeitas para servir frutas frescas, um creme ou uma mousse de chocolate, por exemplo.

•••
Saber receber
NA MESA DE JANTAR OU NA SALA DE ESTAR?

Para um lanche, não é necessário sentar-se em torno de uma mesa. A sala de estar pode acomodar perfeitamente os seus convidados. No entanto, você deve garantir que as comidinhas possam ser facilmente consumidas sem a utilização de faca – o que geralmente ocorre em um lanche – e dispor de várias mesas laterais pequenas, de modo que todos possam colocar a sua xícara, o seu copo ou o seu prato para ficarem à vontade.

•••
Dica
SOBRE BANDEJAS

A bandeja é, muitas vezes, a melhor amiga da anfitriã! Pense em usar várias delas para dispor as tortinhas ou os sorvetes, para servir o café ou trazer as xícaras de chá, para recolher a louça etc. Você pode prepará-las com antecedência na cozinha ou durante a refeição. Outra opção é reservar uma mesa na sala de estar para deixá-las.

BUFÊ DE VERÃO

••••

Beijo salgado Ladurée

Tian de legumes com espetinhos de camarão

Salada real

Sopa de morango com vinho rosé

Éclair de limão verde e manjericão

Macarons de morango com menta

••••

Beijo salgado Ladurée

Rendimento: para 6 pessoas
Preparo: 20 minutos
Refrigeração: 12 horas

7 g de gelatina em folha
5 g de folhas de manjericão
5 g de cebolinha verde (bem fira)
60 ml de creme de leite líquido
600 g de queijo branco fresco (tipo cottage)
70 g de tomate-groselha
10 g de sal refinado
2 g de pimenta branca moída
6 biscoitos amanteigados salgados
12 g de pasta de azeitona preta
12 g de tomate em pó
6 g de sal marinho

Material
6 forminhas com formato de bcca

1. Coloque a gelatina para amolecer em uma tigela de água. Pique finamente o manjericão e a cebolinha verde e reserve.
2. Aqueça o creme de leite líquido até ficar morno, incorpore a gelatina bem escorrida, o queijo branco fresco, o tomate-groselha, o sal e a pimenta. Misture cuidadosamente; despeje a mistura nas forminhas. Deixar descansar no mínimo 12 horas na geladeira.
3. No dia seguinte, espalhe sobre os biscoitos amanteigados a pasta de azeitonas pretas, e depois desenforme a massa preparada com tomate. Para realçar o desenho dos lábios (contido nas forminhas), polvilhe com tomate em pó. Salpique com sal marinho e sirva.

Tian de legumes com espetinho de camarão

Rendimento: para 6 pessoas
Preparo: 35 minutos
Cozimento: 30 minutos

3 abobrinhas de tamanho médio
2 berinjelas
5 tomates amarelos
5 tomates cereja
150 g de abacaxi
10 g de sal grosso
2 colheres (de sopa) de mostarda com estragão
100 ml de azeite de oliva
18 camarões calibre 16/20
20 ml de vinagre balsâmico branco
12 g de semente de gergelim com wasabi
150 g de queijo parmesão ralado na hora
Sal refinado, pimenta branca moída

1. Prepare o tian. Preaqueça o forno a 210 °C. Lave os legumes e corte-os, bem como o abacaxi, em fatias finas. Coloque a berinjela envolta no sal grosso durante aproximadamente 20 minutos. Enxague a berinjela para remover o sal e a escalde rapidamente na água fervente.

2. Besunte uma assadeira refratária com uma colher de sopa de mostarda com estragão. Disponha as fatias de legumes em fileiras, colocando umas sobre as outras, mas sem apertar. Alterne o tomate, a berinjela, a abobrinha e o abacaxi. Regue com 40 ml de azeite de oliva, polvilhe com sal refinado e pimenta. Leve ao forno por 20 minutos, aproximadamente.

3. Enquanto isso, tempere os camarões com sal e pimenta e coloque 3 deles em cada palito (espetinho). Refogue-os em uma frigideira com um fio de azeite de oliva (conte 2 minutos de cozimento para cada lado). Reserve em local aquecido.

4. Para o molho vinagrete, coloque em uma tigela uma colher de sopa de mostarda, sal e pimenta. Despeje o vinagre balsâmico, misture, e em seguida adicione aos poucos 40 ml de azeite de oliva.

5. Retire os legumes do forno, arrume-os em forma de roseta em cada prato, coloque os espetinhosos de camarões sobre os legumes. Sirva com o molho vinagrete e com semente de gergelim com wasabi e lascas de queijo parmesão ralado na hora polvilhadas.

Recomendações do chef

O tian é um dos pratos gratinados tradicionais da cozinha provençal. Relativamente simples de ser preparado, é barato e saboroso. Além disso, contém muitas vitaminas graças aos legumes. Se você não gosta de berinjela ou de abobrinha, o tian pode ser preparado sem um desses legumes. Para os carnívoros: adicione algumas tiras de bacon ou pedacinhos de salsicha, que você deve refogar junto com os legumes.

...

Salada real

Rendimento: para 6 pessoas
Preparo: 20 minutos
Cozimento: 1 hora

---

400 g de tomates de tamanho médio
10 g de sal refinado
20 ml de azeite de oliva
1 punhado de alcachofras em conserva
2 fundos de alcachofra fresca
1 limão
300 g de rúcula
50 ml de vinagre balsâmico de Modena
2 g de sal
2 g de pimenta branca moída
100 ml de óleo de nozes
400 g carne carne seca defumada fatiada
50 g de milho torrado

100 g de queijo parmesão
5 g de sal marinho
5 g de salsa

1. Lave e corte os tomates em fatias de 4 mm de espessura. Tempere com sal e regue com azeite de oliva. Coloque as fatias de tomate em uma assadeira tipo tabuleiro e deixe secar no forno a 80 °C durante 1 hora.
2. Remova os caules e as folhas externas das alcachofras em conserva. Corte-as em seis partes no sentido do comprimento e leve-as ao forno conforme a técnica anteriormente descrita para os tomates. Corte os fundos de alcachofra fresca em fatias finas e os mantenha em uma grande quantidade de água com limão. Lave a rúcula e a reserve em um pano de prato.
3. Prepare o molho vinagrete. Despeje o vinagre, o sal e a pimenta em uma tigela. Bata por alguns minutos e em seguida adicione o óleo de nozes.
4. Escorra as fatias de alcachofra embebidas no limão e as misture com um pouco de molho vinagrete. Em uma saladeira grande, misture a rúcula, os tomates e as alcachofras em conserva secas temperadas. Regue com o restante do molho vinagrete.
5. Sirva a salada em pratos fundos. Cubra com fatias finas de carne seca defumada. Polvilhe com grãos de milho, decore com lascas de queijo parmesão e fatias cruas de fundo de alcachofra. Salpique com sal marinho e adicione alguns raminhos de salsa.

Recomendações do chef

Aqui temos uma salada simples de ser preparada, rica e saborosa. Ideal para fazer parte de um almoço ou de um bufê simples, em que todos os ingredientes podem ser servidos separadamente. O sabor da rúcula é pronunciado, e a maioria das pessoas não gosta de comê-la pura; portanto, pode-se misturá-la com outras folhas verdes.

...

Sopa de morango com vinho rosé

Rendimento: para 4 pessoas
Preparo: 30 minutos
Cozimento: 5 minutos
Repouso: 2 horas

750 ml de vinho Côtes de Provence rosé
150 g de açúcar cristalizado
1 fava de baunilha
1 pau de canela
500 g de morango
1 raminho de hortelã fresca

1. Em uma panela, coloque o vinho, o açúcar, a baunilha e a canela para ferver. Deixe em infusão por 30 minutos e depois coe. Reserve a sopa na geladeira – ela deve ser servida bem gelada.

2. Lave delicadamente e retire os cabinhos dos morangos. Corte os morangos em 4 ou 6 partes, dependendo do tamanho, e os divida em quatro tigelas pequenas.

3. Usando uma concha, despeje a sopa de vinho rosê gelada sobre os morangos. Salpique com folhas de hortelã recém-picadas e sirva imediatamente.

Variação

Para as crianças, faça um xarope de romã ou de frutas vermelhas com Baunilha Bourbon: dilua o xarope de romã (ou de frutas vermelhas) em uma quantidade de água equivalente a sete partes do seu volume. Para 1 litro desse xarope diluído em água, faça uma infusão a frio com uma fava de baunilha. Sirva gelado sobre os pedaços de morango.

Éclair de limão verde e manjericão

Rendimento: 4 éclairs (bombas)
Preparo: 20 minutos
Cozimento: 1 hora
Refrigeração: 12 horas

Para a massa choux
120 g de farinha de trigo
100 ml de leite integral
100 ml de água
10 g de açúcar cristalizado
1 pitada de sal
80 g de manteiga + 20 g para untar a fôrma
4 ovos inteiros
Para o creme de limão verde e manjericão
1 limão verde orgânico
170 g de açúcar cristalizado
5 g de amido de milho
3 ovos inteiros
115 ml de suco de limão verde
1 raminho de manjericão
250 g de manteiga amolecida
Para o fondant de manjericão
100 ml de água
100 g de açúcar cristalizado
80 g de chocolate branco
120 g de fondant branco de confeiteiro
Algumas folhas de manjericão finamente picadas
Material
Um saco de confeitar guarnecido com um bico liso de 16 mm
Um saco de confeitar guarnecido com um bico de 8 mm

A MASSA CHOUX

1. Peneire a farinha de trigo. Em uma panela, ferva o leite, a água, o açúcar, o sal e a manteiga; em seguida, retire do fogo. Incorpore a farinha de trigo ao líquido, misturando vigorosamente com uma espátula para homogeneizar a massa. Coloque a panela em fogo baixo e mexa a massa constantemente durante 1 minuto, para desidratá-la.

2. Transfira a massa para uma tigela. Utilizando uma espátula, incorpore os ovos um a um, misturando bem cada um deles. Despeje a massa

no saco de confeitar munido com o bico de 16 mm.
3. Faça quatro éclairs (bombas) com aproximadamente 15 cm de comprimento, sobre uma fôrma tipo tabuleiro untada. Asse a 175 °C durante 1 hora.

O CREME DE LIMÃO VERDE E MANJERICÃO
4. Raspe a casca do limão em um ralador. Em uma tigela, misture o açúcar e as raspas de limão. Em seguida, adicione o amido de milho e sucessivamente os ovos, o suco de limão e o manjericão previamente picado. Em uma panela, cozinhe a mistura em fogo baixo, mexendo com uma espátula pelo tempo suficiente de ferver o preparo para que o creme fique espesso. Retire do fogo.
5. Deixe esfriar um pouco, por aproximadamente 10 minutos; o creme deve ficar quente, mas não pelando (60 °C). Adicione a manteiga amolecida e misture até incorporá-la ao creme, tornando-o homogêneo. Reserve-o em um recipiente hermeticamente fechado e o coloque na geladeira por 12 horas, para que fique bem firme.
6. Usando um bico de confeitar de 8 mm (sem o saco de confeitar), faça três cavidades na base das éclairs, uma no centro e as outras duas a 2 cm de cada extremidade.
Usando o saco de confeitar munido com o bico de 8 mm, guarneça as éclairs frias com o creme de limão verde.

O FONDANT DE MANJERICÃO
7. Despeje a água em uma panela, adicione o açúcar e deixe ferver. Reire do fogo assim que o açúcar estiver completamente derretido. Deixe a calda esfriar. Derrata o chocolate branco em banho-maria. Em uma panela, amorne o fondant branco com 10 colheres de sopa da calda de açúcar recém-preparada e incorpore o chocolate branco derretido e o manjericão finamente picado. Mergulhe a parte superior das éclairs neste preparo e deixe arrefecer.

Variação
Você pode substituir o suco de limão verde por suco de limão-siciliano e o manjericão pela sálvia para preparar uma deciciosa éclair de limão-siciliano com sálvia.

• • •

Macarons de morango com menta

Peça esta sobremesa em uma loja Ladurée próxima de você.

A arte de receber

•••
Saber receber

CALCULE A QUANTIDADE DE
CADEIRAS CONFORME A
QUANTIDADE DE CONVIDADOS

Seja qual for o número de convidados, tenha a mesma quantidade de cadeiras. Você pode alugá-las facilmente, se necessário, e dispor de pequenas mesas laterais espalhadas nos ambientes contíguos. Se houver muitos convidados e for recebê-los em uma casa, você também pode instalar uma grande tenda do lado de fora, no jardim, por exemplo, com um piso se possível, para proteger o seu gramado – e o salto alto de algumas convidadas...

•••
Cenário

UMA DECORAÇÃO BRANCA,
DOURADA OU EM TONS PASTEL

Oculte e proteja sofás e poltronas frágeis com grandes lençóis brancos. Essa precaução permite inclusive alterar totalmente a decoração. Será necessário acrescentar apenas algum detalhe dourado (um vaso, um quadro, colheres de chá em prata dourada etc.) ou um toque delicado em um tom pastel (algumas almofadas, a toalha da mesa, os pratos etc.) para que o ambiente exale tranquilidade, luxo e volúpia!

•••
Serviço de mesa

UM COPO OU UMA TAÇA PARA A ÁGUA

Se o costume é beber água em uma taça, também é possível servi-la em um copo, inclusive de prata. Sobre a mesa, o copo para a água pode facilmente ter a sua independência em relação ao jogo de cristal ou de vidro que estiver sendo utilizado para a refeição e, consequentemente, dará um toque de originalidade. Escolha o cristal Bohemia vermelho, por exemplo, ou um estilo mais moderno: um simples copo de vidro amarelo ou turquesa será surpreendente. O copo de água deve ser colocado à esquerda das taças de vinho.

BUFÊ DE OUTONO

····

Ravióli de legumes com limão kafir

Suflê de queijo

Salada de salsola com salmão defumado orgânico

Torta fina de cogumelos

"Piccata" de vitela, limão cristalizado
e risoto de macarrão

Saint-honoré de caramelo

Torta "linzer" de framboesa

Macarons de laranja-maracujá

····

Ravióli de legumes com limão kafir

Rendimento: para 6 pessoas
Preparo: 25 minutos
Cozimento: 15 minutos

---

150 g de vagem
100 g de cenoura
100 g de abobrinha
100 g de ervilha
Sal grosso
60 g de limão verde orgânico
48 folhas de massa para ravióli
200 ml de creme de leite líquido
5 g de folhas de limão kafir
20 g de manteiga
Sal refinado, pimenta branca moída
2 g de sal marinho

---

1. Corte a vagem, a cenoura e a abobrinha em cubos pequenos. Descasque (debulhe) as ervilhas. Escalde todos os legumes em água fervente previamente salgada (14 g de sal grosso por litro de água) durante 2 minutos; os legumes devem permanecer firmes (crocantes). Conserve 50 ml do caldo do cozimento. Escorra os legumes, esfrie-os em água gelada e os escorra novamente.
2. Rale a casca do limão e reserve. Coloque todos os legumes em uma tigela, tempere-os com sal e pimenta e adicione as raspas de limão.
3. Abra as folhas de massa para ravióli e, usando um pincel, umedeça o contorno da massa com um pouco de água. Deposite uma colherada de legumes no centro da massa e feche o ravióli dobrando-o sobre si mesmo. Reserve o ravióli fresco em um prato coberto com filme plástico.
4. Em uma panela, despeje o creme de leite líquido e adicione as folhas de limão kafir. Leve à fervura, deixe cozinhar por 10 minutos e peneire o molho. Incorpore 50 ml do caldo de legumes e a manteiga. Misture cuidadosamente e mantenha aquecido.
5. Cozinhe o ravióli em um grande volume de água salgada, durante 2 a 3 minutos. Escorra. Sirva imediatamente em pratos fundos, cubra com o molho de limão e polvilhe com sal marinho.

Recomendação do chef
Não hesite em apertar bem as bordas dos raviólis com os dedos para evitar que a massa se abra durante o cozimento.

Suflê de queijo

Rendimento: para 6 pessoas
Preparo: 50 minutos
Cozimento: 20 minutos

---

50 g de manteiga + 20 g para untar as forminhas
50 g de farinha de trigo + 20 g para polvilhar as forminhas
½ litro de leite
1 pitada de noz-moscada moída
6 gemas
150 g de queijo emmental (ou comté, ou beaufort) ralado + algumas lascas
10 claras
10 g de sal refinado
2 g de pimenta branca
10 g de sal marinho
Material
6 forminhas individuais para suflê ou 6 ramequins

---

1. Prepare um molho branco. Em uma panela, derreta a manteiga, despeje 50 g de farinha de trigo de uma só vez e mexa bem, para incorporá-la à manteiga. Cozinhe o molho por 2 a 3 minutos em fogo baixo e depois deixe esfriar. Cuidado para não dourá-lo. Leve o leite para ferver com a noz-moscada. Retire do fogo, incorpore o leite quente ao molho branco frio. Misture vigorosamente com um batedor de claras. Deixe o molho cozinhar em fogo médio durante 4 a 5 minutos. Tempere com sal e pimenta.
2. Incorpore as gemas ao molho branco e prolongue o cozimento de 2 a 3 minutos. Despeje o molho em um recipiente e deixe esfriar. Adicione o queijo ralado – você acaba de preparar um molho Mornay.
3. Bata as claras em neve com uma pitada de sal. Usando um batedor de claras, dilua o molho Mornay, incorporando primeiramente um pouco das claras em neve e adicionando delicadamente o restante em seguida, fazendo movimentos de rotação com uma espátula de madeira. Essa mistura deve ser utilizada de imediato.
4. Unte e enfarinhe as forminhas para suflê ou os ramequins. Encha cada fôrma com ¾ de massa. Asse no forno a 200 °C durante 20 minutos, aproximadamente. Os suflês devem adquirir uma coloração dourada e crescer bastante.
Sirva imediatamente assim que retirá-los do forno. Decore com lascas de queijo e polvilhe com sal marinho.

Conseil du chef
O suflê deve ser servido de imediato, pois ele murcha assim que esfria.

Salada de salsola com salmão defumado orgânico

Rendimento: para 6 pessoas
Preparo: 20 minutos

250 g de salsola
20 g de nozes descascadas
4 g de sal refinado
30 ml de vinagre balsâmico de Modena
2 g de pimenta branca moída
60 ml de óleo de nozes
550 g de salmão defumado orgânico fatiado

1. Lave a salsola e em seguida a conserve em um pano de prato úmido.
2. Espalhe as nozes (sem a casca) sobre uma fôrma tipo tabuleiro e torre por 7 minutos no forno preaquecido a 160 °C. Deixe esfriar.
3. Prepare o molho vinagrete. Dissolva o sal no vinagre balsâmico. Coloque a pimenta e adicione progressivamente o óleo de nozes.
4. Em uma saladeira, monte a salada de forma harmoniosa. Espalhe as fatias de salmão defumado orgânico em uma bela travessa; polvilhe com as nozes tostadas; sirva o molho vinagrete à parte em tigelas. Saboreie.

Recomendação do chef
Esta salada é feita com uma alga da terra que apresenta uma textura crocante e suculenta, a salsola, planta incomum de origem japonesa, com sabor picante e salgado. É rica em vitamina A e em minerais (cálcio e potássio). A salsola não tem uma planta variante substituta. Se não encontrá-la, você pode preparar esta receita com uma alface decorada com salicórnia, para obter sabor semelhante.

Torta fina de cogumelos

Rendimento: para 6 pessoas
Preparo: 30 minutos
Cozimento: 25 minutos

120 g de cogumelos Paris de tamanho médio
30 g de cogumelos shimeji amarelos (ou cogumelo ostra dourado)
30 g de cogumelos eryngii (ou cogumelo rei)
7 g de grãos de mostarda amarela
4 g de mostarda branca forte
6 discos de massa folhada com 15 cm de diâmetro
20 ml de azeite de oliva
10 g de sal refinado
2 g de pimenta branca moída
20 g de brotos de mostarda

1. Lave todos os cogumelos. Corte os cogumelos Paris em fatias de 4 mm de espessura. Desfolhe os cogumelos shimeji amarelos. Divida ao meio os cogumelos eryngii e corte as hastes em cubos de 0,5 cm. Corte o chapéu do cogumelo erynjii em um mandolin fazendo lâminas de 2 mm. Reserve todos os cogumelos.
2. Em uma tigela, misture as duas mostardas. Disponha os discos de massa folhada numa fôrma tipo tabuleiro forrada com papel-manteiga. Utilizando um pincel, besunte os discos de massa com as mostardas misturadas. Disponha as fatias de cogumelo Paris em forma de roseta. Adicione os cubos de cogumelo eryngii e o shimeji amarelo. Regue com um fio de azeite de oliva; tempere com sal e pimenta.
3. Asse em forno preaquecido durante 10 minutos a 195 °C. Reduza a temperatura para 160 °C e asse por mais 15 minutos.
4. Pouco antes de servir, polvilhe as tortinhas com brotos de mostarda.

Recomendações do chef

O eryngii, também conhecido como cogumelo rei ou cogumelo trompa, traz a denominação científica de pleurotus eryngii. Seu formato é impressionante: o pedúnculo (a haste), como a do porcini, pode ser bem protuberante. É considerado um dos cogumelos cultivados mais saborosos.

Você pode, dependendo da época do ano, optar por outra variedade de cogumelo – o morel, o porcini, o cantarelo – ou até mesmo pelas trufas.

« Piccata » de vitela, limão cristalizado e risoto de macarrão

Rendimento: para 6 pessoas
Preparo: 20 minutos
Cozimento: 20 minutos

800 g de alcatra de vitelo de leite
20 ml de azeite de oliva + 5 ml
50 g de manteiga
1 litro de caldo de galinha
60 g de echalotas
200 g de macarrão de aveia
50 ml de vinho branco
60 g de queijo parmesão ralado + algumas lascas
70 g de mascarpone
20 g de geleia de limão cristalizado
Sal refinado, pimenta branca moída
10 g de sal marinho

1. Retire os nervos e as aparas da carne do vitelo, reservando as aparas. Corte a carne em porções de 130 g e as reserve na geladeira.
2. Tempere os pedaços de alcatra e doure-os de maneira uniforme em uma frigideira funda quente com um fio de azeite de oliva. Transfira a carne para uma assadeira refratária, adicione algumas colheres de chá de manteiga e leve por 8 minutos ao forno preaquecido a 180 °C.

3. Prepare o risoto de macarrão. Aqueça o caldo de galinha e o mantenha aquecido. Descasque e pique finamente as echalotas. Despeje 50 ml de azeite de oliva em uma panela, coloque as echalotas e as deixe suar (elas devem ficar transparentes) por aproximadamente 2 minutos, sem dourá-las. Adicione o macarrão. Misture bem para envolvê-lo com o azeite da panela. Cozinhe por aproximadamente de 2 minutos até que fique transparente, mas não dourado. Despeje o vinho branco e deixe evaporar, sem parar de mexer.

4. Incorpore o caldo de galinha utilizando uma concha após a outra, deixando que a massa tenha tempo de absorver o líquido entre cada adição. Contabilize 20 minutos de cozimento, aproximadamente. Prove ao longo do cozimento para verificar a textura. O macarrão deve ficar cozido, mas firme (al dente). No final do cozimento, adicione o queijo parmesão ralado, o mascarpone e a geleia de limão cristalizado. Verifique, e ajuste o tempero se necessário.

5. Coloque o risoto de macarrão em um prato fundo. Polvilhe com lascas de queijo parmesão e sal marinho. Fatie os pedaços da carne de vitela e sirva à parte.

Recomendação do chef

A «piccata» é um prato de origem italiana em que os pedaços de carne são cortados em fatias antes do cozimento. Para manter o lado suculento da carne, cozinhe o pedaço inteiro de carne e corte as fatias após tê-la cozido. A carne será dessa forma menos «agredida» pelo cozimento, que será mais harmonioso. Fizemos uma releitura do risoto usando macarrão de aveia, no lugar do arroz tradicional.

...

Saint-honoré de caramelo

Encomende esta sobremesa em uma loja Ladurée próxima de você.

Torta « linzer » de framboesa

Rendimento: para 6 pessoas
Preparo: 1 hora
Cozimento: 8 minutos + 25 minutos
Repouso: 13 horas

Para a massa com canela
150 g de manteiga + 20 g para untar a fôrma
120 g de açúcar de confeiteiro
75 g de farinha de amêndoas
40 g de canela
2 ovos inteiros
250 g de farinha de trigo + 20 g para a superfície de trabalho

Para a geleia de framboesa
800 g de framboesas frescas
280 g de açúcar cristalizado

Material
Uma fôrma para torta com 22 cm de diâmetro

A MASSA COM CANELA
1. Corte a manteiga em pedaços pequenos e coloque-a em uma tigela. Amasse-a para homogeneizá-la e em seguida adicione os ingredientes um a um (o açúcar de confeiteiro peneirado, a farinha de amêndoas, a canela, os ovos e finalmente a farinha de trigo), tendo o cuidado de misturá-los bem, mas sem sobrecarregar a massa.
Enrole-a formando uma bola e a envolva em filme plástico; deixe na geladeira por 12 horas.
2. Em uma superfície enfarinhada, estique a massa até obter 2 mm de espessura e coloque-a na fôrma para torta, previamente untada. Reserve na geladeira durante 1 hora. Com o restante da massa, corte pequenas tirinhas da largura da fôrma da torta.

A GELEIA DE FRAMBOESA
3. Lave cuidadosamente as framboesas e em seguida as escorra. Em uma panela, cozinhe-as com o açúcar, durante 8 minutos, e deixe esfriar completamente.
4. Preaqueça o forno a 170 °C. Despeje a geleia de framboesa sobre a massa da torta crua e alise cuidadosamente a superfície. Disponha as tirinhas de massa previamente cortadas. Asse a torta por 25 minutos. Retire-a do forno e deixe esfriar completamente antes de servir.

Macarons de laranja-maracujá

Encomende esta sobremesa em uma loja Ladurée próxima de você.

BUFÊ PRIMAVERIL

· · ● · ·

Mont-blanc com tomate

Salada de salanova e lagosta com sementes de abóbora

Tartare de filé-mignon com alcaparras de Pantelleria e batata chips

Tortinhas de morangos silvestres

Sorvete de mascarpone

Macarons de melão

· · ● · ·

Mont-blanc com tomate

Rendimento: para 6 pessoas
Preparo: 35 minutos

250 g de tomate amarelo
120 g de tomate cocktail
300 g de creme de leite líquido
15 g de sal refinado
2 g de pimenta branca moída
20 g de lascas de tomate desidratado
5 g de salsa
5 g de sal marinho
6 biscoitos tipo inglês (opcional)

1. Mergulhe os tomates amarelos em água fervente durante 10 segundos. Esfrie-os em água gelada, descasque-os, retire as semente e corte-os em fatias finas. Tempere com sal e pimenta. Corte os tomates cocktail em quatro partes, em forma de pétalas, retire as sementes e reserve.
2. Despeje o creme de leite no liquidificador, tempere com sal, pimenta e bata até obter uma consistência de creme chantilly.
3. Em uma taça ou copo, ponha o creme chantilly salgado, até a metade do recipiente. Sobre ele, no centro da taça, faça montículos com as fatias de tomate amarelo. Disponha as pétalas de tomate cocktail em volta do creme chantilly (nas beiradas). Decore com lascas de tomate desidratado e salsa picada. Polvilhe uma pitada de sal marinho e saboreie.

Recomendação do chef
Se você quiser trazer mais textura para este prato, esfarele um biscoito tipo inglês no fundo de cada copo (ou taça) antes de pôr o creme chantilly salgado.

Salada de salanova e lagosta com sementes de abóbora

Rendimento: para 6 pessoas
Preparo: 35 minutos
Cozimento: 3 minutos + 10 minutos

1,2 kg de lagosta
250 g de salanova (alface baby)
60 g de semente de abóbora
5 g de sal refinado
30 ml de vinagre balsâmico branco
2 g de pimenta branca moída
60 ml de azeite de oliva

1. Ferva e descasque a lagosta. Reserve a cauda da lagosta, "os cotovelos" e as pinças (as garras)
2. Lave e escorra as folhas de salanova. Mantenha-as em um pano de prato úmido.
3. Espalhe as sementes de abóbora em uma fôrma tipo tabuleiro e leve ao forno a 160 °C durante 7 minutos. Deixe esfriar.
4. Em uma tigela, dissolva o sal no vinagre balsâmico branco; tempere com pimenta e em seguida acrescente o azeite de oliva.
5. Em uma saladeira, monte uma salada harmoniosa e coloque os pedaços de lagosta. Polvilhe com as sementes de abóbora. Sirva o molho vinagrete em tigelinhas.

Recomendações do chef

Para escolher uma lagosta viva, certifique-se que ela se move pelo menos um pouco enquanto você a eleva e verifique se as pinças (as garras) estão presas (geralmente com um elástico grosso)!
Por razões de segurança, pegue a lagosta pela parte de trás da cabeça. A lagosta se conserva na geladeira em um prato fundo, descoberto. Ela não sobrevive em um saco plástico fechado.

Tartare de filé-mignon com alcaparras de Pantelleria e batata chips

Rendimento: para 6 pessoas
Preparo: 35 minutos
Cozimento: 3 minutos

500 g de filé-mignon de carne bovina
300 g de batatas grandes
1 maço de cebolas novas
12 g de salsa
12 g de coentro
12 g de cebolinha verde
12 g de mostarda de Dijon
2 gemas de ovos orgânicos
18 g de ketchup
30 ml de molho inglês
20 g de alcaparras de Pantelleria
Suco de um limão-siciliano
1 pitada de sal
1 pitada de pimenta branca moída
Óleo para fritar
Azeite de oliva virgem
Material
Um mandolin

1. Retire os nervos e a gordura da carne; corte-a em cubos de ½ cm. Reserve na geladeira.
2. Usando um mandolin, descasque e corte as batatas em fatias de 1 mm de espessura, a fim de obter batatas chips (vide «Recomendação do chef»).
3. Corte as cebolas em cubos bem pequenos e pique finamente metade da salsa, do coentro e da cebolinha verde. Mantenha a outra metade dos temperos verdes em raminhos ou em fios, para o acabamento do prato.
4. Em uma saladeira, misture com um batedor de claras a mostarda com as gemas, o ketchup e o molho inglês. Adicione a carne cortada em cubos, a alcaparra, a cebola e o tempero verde finamente picado. Mexa bem. Regue com suco de limão e tempere com sal e pimenta. Reserve na geladeira.
5. Em uma frigideira com óleo preaquecida a 170 °C, mergulhe em lotes as batatas cortadas no mandolin. Assim que elas estiverem douradas, coloque-as sobre um prato forrado com papel toalha absorvente. Tempere com sal imediatamente.
6. Em cada prato, molde a carne com um aro de aço inox; sobre ela coloque a mistura de tempero verde restante e regue com um fio de azeite de oliva. Como acompanhamento, decore com as batata chips. Sirva o tartare gelado.

Recomendação do chef

A batata chips deste prato deve ser cortada finamente em formato quadriculado, utilizando um cortador de legumes chamado mandolin. Para obter este efeito de rede, quadriculado, a batata deve girar ¼ de volta cada vez que é passada no mandolin. Trata-se de uma apresentação fácil de fazer e de grande efeito visual. Mas cuidado ao manusear esse utensílio, que é muito afiado e cortante! Assim como as batatas fritas, a batata chips pode ser servida como aperitivo, mas também como guarnição de aves assadas ou carnes de caça.

Tortinhas de morangos silvestres

Encomende esta sobremesa em uma loja Ladurée próxima de você.

Sorvete de mascarpone

Rendimento: 1 litro de sorvete
Preparo: 1 hora
Repouso: 3 horas

½ limão orgânico
300 ml de água
200 g de açúcar cristalizado
220 g de mascarpone
50 g de queijo branco

Material
Uma sorveteira

1. Usando um descascador de legumes, raspe ½ limão. Esprema a metade do limão para extrair o suco e reserve.
2. Em uma panela, despeje a água, o açúcar e as raspas de limão. Leve à fervura. Retire a panela do fogo, cubra e deixe em infusão por 10 minutos. Coe a calda e deixe esfriar.
3. Em uma tigela, dilua o mascarpone e o queijo branco na calda. Acrescente uma colher de sopa de suco de limão. Despeje o preparo na sorveteira. Bata o sorvete por 3 horas antes de servi-lo, para que adquira uma boa textura.
4. Você pode conservar o sorvete de mascarpone por vários dias. Para isso, assim que estiver pronto, transfira-o para uma fôrma de gelo e o reserve no congelador. Retire o sorvete do congelador 10 minutos antes de utilizá-lo, para que fique macio.

Recomendação do chef
Este delicioso sorvete é perfeito como acompanhamento de morangos na primavera...

Macarons de melão

Encomende esta sobremesa em uma loja Ladurée próxima de você.

A arte de receber

Decoração

FAÇA DE SUA RECEPÇÃO
UMA OBRA DE ARTE

Cuide de cada detalhe: crie um verdadeiro cenário, um ambiente com uma atmosfera única. Você pode brincar com os objetos, com a louça, com os pratos, com as cores, com as fragrâncias... Sinta-se à vontade em guardar alguns objetos de decoração do seu entorno cotidiano que possam prejudicar a ambientação que você deseja. Muitas vezes é melhor remover em vez de adicionar.

Dica

A LIMPEZA DO DECANTER E
DAS GARRAFAS DE VIDRO

Nos estabelecimentos especializados, há escovas próprias para limpar o interior de garrafas, já que o gargalo não permite a passagem de outro tipo de utensílio. Em todo caso, evite deixar o vinho (especialmente os vinhos tintos, muito tânicos) por muito tempo no decanter. Enxague rapidamente após o uso. E lembre-se de que você nunca deve fechar uma garrafa recém-lavada. Espere para que toda a água da lavagem evapore.

Doce loucura

UM CENTRO DE MESA ORIGINAL

O bufê ou uma mesa grande merecem o que em outros tempos se costumava chamar de centro de mesa («surtout de table»), geralmente uma peça de ourivesaria consideravelmente monumental, suntuosa e principalmente decorativa, equipada com castiçais para iluminar a mesa, galheteiro para dispor o vinagre e o azeite, bem como demais condimentos, etc. Atualmente os centros de mesa de louça, de porcelana ou de prata são peças de museu, mas um bonito centro de mesa para pôr no bufê, clássico ou grandioso, continua sendo um elemento importante na decoração. Um arranjo de frutas e legumes exóticos pode muito bem desempenhar esse papel.
Um bolo ornamental, uma pirâmide de carolinas recheadas com creme e caramelizadas, um ramalhete de folhagens colocado no alto da mesa, ou mesmo um pássaro empalhado sob uma cúpula de vidro são opções possíveis e criativas.

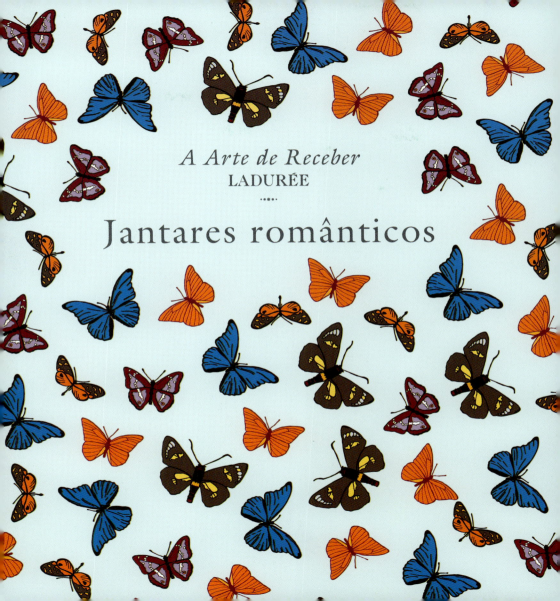

JANTAR CHIQUE

· ○ ● ○ ·

Carolinas salgadas recheadas com berinjela e azeitonas de Kalamata

Canelone "amoreto" com caranguejo e abacate

Filé de saint-pierre com jasmim e maçã do amor

Fricassê de cereja e sorvete de pistache

Torrone de rosas

· ○ ● ○ ·

Carolinas salgadas recheadas com berinjela e azeitonas de Kalamata

Rendimento: para 2 pessoas
Preparo: 35 minutos
Cozimento: 25 minutos + 1 hora

Para as carolinas
50 ml de água
35 g de manteiga + 20 g para untar a fôrma
1 pitada de sal
40 g de farinha de trigo
2 ovos inteiros
1 ovo batido com uma pitada de sal
para pincelar as carolinas

Para o caviar de berinjela
1 berinjela grande
10 g de sal refinado
2 g de pimenta branca moída
2 dentes de alho
50 ml de azeite de oliva
2 g de sal marinho
2 g de tomilho
2 azeitonas pretas grandes de Kalamata (sem caroço)

Material
Um saco de confeiteiro guarnecido com um bico de 10 mm

AS CAROLINAS SALGADAS

1. Preaqueça o forno a 180 °C. Em uma panela, ferva a água com a manteiga cortada em pedaços e o sal. Retire do fogo e adicione a farinha de trigo de uma só vez na água quente. Mexa com uma espátula de madeira até que a mistura forme uma massa espessa aderente à espátula. Coloque a panela novamente em fogo baixo e deixe a massa secar por alguns segundos. Retire a panela do fogo e adicione um ovo, misturando-o vigorosamente até que a massa o absorva. Ela deve ficar grudenta, mas não líquida. Adicione o segundo ovo gradualmente, evitando que massa se torne muito líquida, caso contrário você a perderá.

2. Despeje-a no saco de confeitar munido com o bico e faça as carolinas sobre uma fôrma tipo tabuleiro untada com manteiga. Asse por 25 minutos aproximadamente, até que fiquem douradas. As carolinas devem ficar sequinhas.

O CAVIAR DE BERINJELA

3. Lave a berinjela e retire as extremidades. Divida-a ao meio e faça uma incisão na polpa em sentido longitudinal usando a ponta de uma faca. Cuidado para não atravessar a polpa e cortar a casca da berinjela. Tempere com sal e pimenta. Corte o alho e o insira na incisão (na fenda). Regue as metades da berinjela com azeite de oliva, envolva-as com papel alumínio e deixe assar por 1 hora em forno preaquecido a 170 °C. Assim que a berinjela estiver assada, retire a polpa usando uma colher. Reduza essa polpa a um purê rústico e deixe esfriar completamente. O caviar está pronto.

A FINALIZAÇÃO

4. Corte as carolinas ao meio no sentido do comprimento e, utilizando o saco de confeitar com o bico, guarneça generosamente com o caviar de berinjela. Polvilhe com sal marinho, tomilho triturado e pedaços de azeitonas pretas.

Recomendações do chef

O caviar de berinjela pode ser conservado por alguns dias na geladeira se você cobri-lo com uma fina camada de azeite de oliva.

A azeitona é um ingrediente que está presente em todas as mesas, e há uma vasta opção de escolha, começando pelas mais famosas: a azeitona de Kalamata. Prefira essa azeitona, originária da Grécia e que apresenta uma coloração entre o verde e o violeta, é lisa, carnuda e possui um gosto um pouco avinagrado.

Canelone "amoreto" com caranguejo e abacate

Rendimento: para 2 pessoas
Preparo: 25 minutos

40 g de carne de caranguejo
2 g de sementes de gergelim
4 g de estragão
Sal, pimenta branca moída
1 abacate não muito maduro
20 ml de suco de limão-siciliano
10 ml de azeite de oliva
2 g de sal marinho

1. Desfie a carne de caranguejo em uma tigela. Adicione as sementes de gergelim e o estragão picado. Tempere com sal e pimenta.
2. Corte o abacate ao meio, remova o caroço e em seguida o retire da casca. Corte a polpa em fatias (lâminas) de 3 mm de espessura. Espalhe as fatias de abacate em forma de retângulos sobre um pedaço de filme plástico. Tempere com sal, pimenta e pincele com suco de limão.
3. Coloque a carne de caranguejo sobre as fatias de abacate e, com a ajuda do filme plástico,

enrole-as dando-lhes um formato de canelone.
4. Guarde os canelones feitos com tiras de abacate por alguns minutos no congelador para que fiquem bem firmes. Corte-os em pedaços, retire o filme plástico e coloque-os em um prato. Regue com azeite de oliva e polvilhe com sal marinho.

...

Filé de saint-pierre com jasmim e maçã do amor

Rendimento: para 2 pessoas
Preparo: 25 minutos
Cozimento: 25 minutos

25 ml de água
3 g de sal grosso
2 g de gengibre
2 g de erva-cidreira
8 g de chá de jasmim
50 ml de creme de leite líquido
180 g de maçã do amor
30 g de manteiga
10 g de sal refinado
2 g de pimenta branca moída
2 filés de saint-pierre de 160 g cada
20 ml de azeite de oliva
10 g de sal refinado
2 g de pimenta branca moída
Alguns brotos de perila verde (ou shiso)
2 g de sal marinho

1. Despeje a água em uma panela. Adicione o sal grosso, o gengibre e a erva-cidreira finamente picada. Leve à fervura e cozinhe por 10 minutos. Retire do fogo, adicione o chá de jasmim e deixe em infusão por 10 minutos. Incorpore o creme de leite e cozinhe por 5 minutos. Coe o molho em uma peneira. Reserve em local aquecido.
2. Corte as maçã ao meio, descasque, retire o caroço e corte-as em oito partes (fatias). Cozinhe-as em uma frigideira com manteiga em fogo baixo, sem dourá-las. Adicione sal, pimenta e reserve.
3. Coloque os filés de saint-pierre em uma travessa refratária. Regue com um fio de azeite de oliva, tempere com sal, pimenta e leve ao forno por 8 minutos a 150 °C.
4. Disponha as fatias de maçã do amor sobre dois pratos e adicione os filés de saint-pierre. Pouco antes de servir, emulsione o molho de jasmim usando um mixer pequeno. Cubra o peixe com essa bela espuma branca. Polvilhe com brotos de perila verde e sal marinho.

Fricassê de cereja e sorvete de pistache

Rendimento: para 2 pessoas
Preparo: 2 horas e 15 minutos
Cozimento: 25 minutos

Para o suco de cereja (150 ml)
1 kg de cerejas frescas
75 g de açúcar cristalizado

Para o fricassê de cereja
400 g de cerejas frescas
1 colher (de chá) de manteiga
30 g de açúcar cristalizado
3 colheres (de sopa) de suco de cereja
1 colher (de sopa) de kirsch
1 litro de sorvete de pistache

O SUCO DE CEREJA
1. Lave cuidadosamente as cerejas. Usando uma faca pequena, corte-as ao meio e retire o caroço. Cozinhe a polpa das cerejas com o açúcar cristalizado em banho-maria em fogo baixo durante 25 minutos. Coe esse delicioso suco de cereja e reserve.

O FRICASSÊ DE CEREJA
2. Lave cuidadosamente as cerejas e remova o caule. Com uma faca pequena, corte-as ao meio e retire o caroço. Em uma frigideira pequena, derreta uma colher de chá de manteiga e polvilhe com açúcar cristalizado. Adicione as cerejas e cozinhe por 2 a 3 minutos em fogo alto. Incorpore em seguida o suco de cereja e flambe o preparo com o kirsch. Deixe reduzir por 1 minuto.

A FINALIZAÇÃO
3. Retire o sorvete de pistache do congelador 10 minutos antes de usá-lo, para que amoleça um pouco. Usando um cortador de bolacha em formato de coração, molde o fricassê ainda quente sobre um prato, cubra com uma generosa colherada de molho kirsch e coloque uma boa de sorvete sobre a cereja morna. Sirva imediatamente.

Variação
Para fazer um fricassê de morango com sorvete de coco: lave e corte 400 g de morango em quatro partes. Derreta uma colher de chá de manteiga em uma frigideira, adicione os morangos, polvilhe com 30 g de açúcar cristalizado e cozinhe por 3 a 4 minutos. Adicione um fio de vinagre balsâmico de Modena. Sirva imediatamente com uma bola de sorvete de coco.

Torrone de rosas

Rendimento: 1,5 kg de torrone
Preparo: 1 hora
Cozimento: 25 minutos

375 g de amêndoas brancas inteiras
370 g de açúcar cristalizado
180 g de glicose
180 ml de água
250 g de mel
2 claras
200 g de pétalas de rosas cristalizadas
3 colheres (de sopa) de xarope de rosas
2 folhas de pão ázimo (sem fermento)

Material
Um mixer ou batedor manual folha
2 termômetros de açúcar

1. Preaqueça o forno a 140 °C. Coloque as amêndoas numa fôrma tipo tabuleiro forrada com uma folha de papel-manteiga. Asse por 10 minutos e desligue o forno sem retirar as amêndoas. Elas devem permanecer quentes.
2. Em uma panela, coloque o açúcar, a glicose e a água. Em outra panela, despeje o mel. Coloque as claras na tigela plástica da batedeira e bata suavemente até atingir o ponto de neve. Inicie o cozimento da mistura feita com açúcar, água e glicose; Assim que essa mistura atingir a temperatura de 115 °C, também leve ao fogo o mel (sem parar de cozinhar a primeira mistura). Coloque o mixer na velocidade máxima assim que o mel atingir uma temperatura de 120 °C. Finalize o cozimento do mel quando o termômetro indicar a temperatura de 135 °C.
3. Despeje cuidadosamente o mel sobre as claras. Enquanto isso, a mistura de açúcar com água e glicose deverá permancer sobre o fogo; assim que essa mistura atingir 145 °C, bata-a com o mixer. Reduza a velocidade do mixer, bata por mais 5 minutos aproximadamente, retire os batedores convencionais e os substitua pelo batedor folha. Em seguida, adicione as amêndoas mornas, as pétalas de rosas cristalizadas e o xarope de rosas. Misture na velocidade mínima do mixer, durante 30 segundos.

A MONTAGEM
4. Sobre uma folha de pão ázimo, despeje o torrone e espalhe-o de forma regular com as mãos previamente umedecidas em água fria. Cubra com a outra folha de pão ázimo e deixe esfriar completamente. Corte o torrone no formato que desejar.

A arte de receber

•••
Decoração
CRIE UM DOCE AMBIENTE

Se você organizar um jantar íntimo e romântico, evite iluminar a sala com muitas luzes. Os jantares que propomos foram criados para serem apreciados à luz de velas ou com uma iluminação feita com abajures pequenos. Previamente, selecione as músicas e monte um fundo musical agradável, que possa tocar durante todo o jantar – não há nada mais desagradável do que o anfitrião ter que deixar a mesa para mudar de CD.
E lembre-se das flores: uma simples rosa colocada sobre o prato ou sobre o guardanapo já será uma espécie de convite ao romantismo.

•••
Saber receber
A ARTE DE LAVAR OS DEDOS

O hábito de lavar as pontas dos dedos à mesa perdeu-se com o tempo. Entretanto, lavar a ponta dos dedos é bem agradável e necessário quando são servidos frutos do mar, por exemplo. Você deve preparar a quantidade de potinhos exata para o número de convidados. Basta despejar um pouco de água, fria ou morna, dependendo da estação, em um tijela de sobremesa e adicionar uma fatia de limão (siciliano ou verde). Como decoração, coloque duas belas folhas de hortelã ou uma pequena flor (margarida, flores de hortênsia etc.).

•••
Serviço de mesa
TALHERES NO LUGAR CERTO

Do couvert à entrada, a faca para peixe, a outra para carne... Em que ordem dispor os talheres à mesa? A regra geral é a seguinte: na ordem de utilização, começando pelos talheres colocados na parte exterior (de fora para dentro). O ideal é que sejam usados no máximo três talheres de cada lado do prato. As facas para queijo, os garfos de bolo e as colheres de chá não devem estar sobre a mesa, exceto para uma refeição informal. No entanto, duas apresentações de talheres sobre a mesa são possíveis: o serviço à inglesa ou à francesa. À francesa, os dentes dos garfos e as bordas das colheres tocam a toalha. À inglesa, é o contrário: as pontas dos garfos e a concavidade das colheres ficam voltadas para cima. Em relação às facas, a parte cortante da lâmina deve sempre estar virada para o prato.

JANTAR FLORIDO

· · ● · ·

Foie gras de pato com coração de cerejas

Carpaccio de lagosta com pétalas de rosas

Filé de pato de Dombes e polenta com pistache

Língua de gato coberta com chocolate

Vacherin de sorvete de limão com limão cristalizado

· · ● · ·

Foie gras de pato com coração de cerejas

Rendimento: para 2 pessoas
Preparo: 5 minutos
Cozimento: 5 minutos

20 g de cereja
1 lóbulo pequeno de foie gras de pato
12 g de sal marinho
2 g de pimenta preta em grãos
20 ml de vinagre de cereja
20 g de geleia de cereja Ladurée

1. Corte as cerejas ao meio e retire o caraoço.
2. Corte dois pedaços de aproximadamente 120 g de foie gras de pato, tempere com sal marinho e adicione a pimenta preta triturada.
3. Aqueça uma frigideira antiaderente, coloque o foie gras sem untar a frigideira e cozinhe por 2 minutos de cada lado. Transfira-o para um prato. Na mesma frigideira, refogue as cerejas durante 1 minuto. Dissolva o líquido que cristalizou no fundo da frigideira no vinagre de cereja.
4. Em cada prato, deposite algumas colheradas de geleia de cereja e por cima, disponha as cerejas refogadas e o foie gras. Regue com o caldo do cozimento e sirva.

Carpaccio de lagosta com pétalas de rosas

Rendimento: para 2 pessoas
Preparo: 35 minutos
Cozimento: 3 minutos

Raspas de 1 laranja orgânica
1 cenoura
1 alho-poró (a parte verde)
5 g de sal grosso
1 lagosta viva com aproximadamente 400 g
1 limão verde orgânico
20 g de queijo parmesão
40 g de gengibre
1 pétala de rosa
10 ml de azeite de oliva
2 g de sal marinho

1. Em uma panela grande, coloque as raspas de laranja, a cenoura descascada e cortada em fatias, o alho-poró e o sal grosso. Cubra com água e deixe ferver.
2. Lave a lagosta e mergulhe-a em água fervente. Cozinhe de 2 a 3 minutos e tire da água. Descasque-a e reserve.
3. Corte a lagosta em fatias finas e as disponha harmoniosamente em dois pratos gelados.

4. Regue com o suco de limão, decore com as raspas de limão e com as lascas de queijo parmesão, corte o gengibre em cubinhos e a pétala de rosa em tirinhas bem finas. Adicione um fio de azeite de oliva, salpique com sal marinho e sirva imediatamente.

...

Filé de pato de Dombes e polenta com pistache

Rendimento: para 2 pessoas
Preparo: 1 hora e 30 minutos
Cozimento: 2 horas + 12 minutos

Para o caldo do cozimento do pato
500 g de asa de pato
120 g de cebola
50 g cenoura
10 g de tomilho

Para a polenta frita
200 ml de leite semidesnatado
10 g de sal refinado
2 g de pimenta branca moída
8 g de pistache triturado + um pouco para o acabamento do prato
60 g de farinha de milho
25 g de manteiga

Para os filés de pato
20 ml de azeite de oliva
2 filés de pato amarelo da região de Dombes (ou produto local)
10 g de sal marinho

O CALDO DO COZIMENTO DO PATO
1. Preaqueça o forno a 200 °C. Coloque as asas cortadas em pedaços em uma fôrma refratária. Leve ao forno e deixe cozinhar até obter uma leve coloração marrom (aproximadamente 20 minutos). Adicione as cebolas e as cenouras cortadas em cubos, o tomilho, e deixe cozinhar por alguns minutos no forno.
2. Despeje o preparo em uma panela, cubra com água fria, deixe ferver e cozinhe por 1 hora e 30 minutos em fogo médio. Coe e deixe reduzir em fogo baixo até obter um caldo não muito espesso.

A POLENTA FRITA
3. Ferva o leite com o sal e a pimenta. Adicione o pistache triturado, a farinha de milho aos poucos, em modo de chuva, e mexa durante 3 minutos. Despeje a polenta em uma fôrma tipo tabuleiro forrada com filme plástico. Espalhe-a até que fique com uma espessura de 1,5 cm, cubra com filme plástico e deixe endurecer na geladeira.
4. Assim que estiver bem firme, corte a polenta em tiras (formato de palitos) grandes. Em uma frigideira quente, derreta a manteiga. Frite as polentas por 2 minutos de cada lado e as escorra sobre uma toalha de papel absorvente. Coloque-as no forno para assar durante 5 minutos a 160 °C.

Os filés de pato

5. Enquanto isso, numa frigideira quente, despeje um fio de azeite de oliva e doure os filés de pato, 3 minutos de cada lado. Remova os filés e finalize o cozimento no forno durante 6 minutos.

Finalização

6. Sobre dois pratos rasos, forme uma pequena porção de polenta frita colocando-as umas sobre as outras. Corte o filé (o peito) de pato em belas fatias, coloque-as ao lado da polenta frita e regue generosamente com o caldo do cozimento. Polvilhe com sal marinho e pistache triturado.

Recomendação do chef

Prato frequentemente esquecido e revisitado, a polenta é uma especialidade feita com farinha de milho, o ingrediente que lhe confere uma bela coloração amarela e textura granulosa. De acordo com a região e o gosto de cada um, pode ser preparada de várias formas e apresentar uma consistência mais ou menos espessa. Cremoso e aveludado, é um prato a ser apreciado em toda a sua simplicidade.

Língua de gato coberta com chocolate

Rendimento: 50 línguas de gato
Preparo: 20 minutos
Cozimento: 10 a 12 minutos

125 g de manteiga
160 g de açúcar de confeiteiro
1 sachê de açúcar de baunilha
2 claras
160 g de farinha de trigo
500 g de chocolate amargo

Material
Um saco de confeiteiro munido com um bico de 5 mm

1. Corte a manteiga em pedaços pequenos, coloque-a em um recipiente em banho-maria e, trabalhando com uma colher de pau, amoleça-a até obter uma consistência pastosa.
Adicione os ingredientes seguintes sucessivamente, tendo o cuidado de misturar bem cada um deles: o açúcar de confeiteiro, o açúcar de baunilha e as claras. Mexa com um batedor de claras.
Peneire a farinha de trigo e a incorpore à mistura com uma colher de pau, até obter uma massa homogênea.
2. Preaqueça o forno a 160 °C. Em uma fôrma tipo tabuleiro coberta com uma folha de papel-manteiga, usando o saco de confeiteiro com o

bico, faça pequenas tiras com 6 cm de comprimento, bem separadas umas das outras, pois a massa poderá eventualmente se espalhar durante o cozimento. Coloque no forno por 10 a 12 minutos – tempo suficiente para obter uma bela coloração dourada. Deixe amornar antes de descolar as línguas de gato da fôrma com uma espátula. Quando tiverem esfriado, pode conservá-las em um recipiente hermeticamente fechado.

3. Prepare o chocolate. Para atingir o ponto ideal do chocolate derretido é necessária uma técnica. O método e simples: usando uma faca, pique o chocolate em uma fôrma tipo tabuleiro; coloque-o para derreter em um recipiente em banho-maria. Despeje ¾ do chocolate derretido sobre uma área de trabalho limpa e seca. Usando uma espátula em ângulo de aço inox, espalhe e reúna o chocolate até ele começar a engrossar. Complete com o ¼ restante de chocolate e homogeinize-o bem. Para chegar ao ponto de cristalização, o chocolate derretido deve atingir uma temperatura de 30 a 31 °C; se estiver muito quente ou muito frio, ele ficará esbranquiçado quando arrefecer.

4. Mergulhe as línguas de gato no chocolate, deixe-o se fixar à massa e as armazene em um recipiente hermeticamente fechado.

Recomendação do chef
A língua de gato é uma excelente opção para acompanhar uma mousse de caramelo ou um café.

...

Vacherin de sorvete de limão com limão cristalizado

Rendimento: para 2 pessoas
Preparo: 2 horas e 15 minutos
Cozimento: 6 minutos + 2 horas e 30 minutos
Repouso: 3 horas

Para o limão cristalizado
2 limões orgânicos
150 ml de água
100 ml de suco de limão
100 g de açúcar cristalizado

Para o merengue
120 g de açúcar de confeiteiro
4 claras
120 g de açúcar cristalizado

Para o sorvete de limão (1 litro)
4 limões orgânicos
450 ml de água
20 g de leite em pó
300 g de açúcar cristalizado
200 ml de suco de limão fresco

Material
Um saco de confeiteiro com um bico liso de 8 mm
Uma sorveteira

O LIMÃO CRISTALIZADO

1. Corte os limões em fatias de 3 mm de espessura. Coloque-as em uma panela com água fria, leve à fervura e coe. Repita a operação novamente.
2. Em uma frigideira funda pequena, coloque as fatias de limão escaldadas e despeje 150 ml de água, o suco de limão e 50 g de açúcar. Leve à fervura por 3 minutos e retire do fogo. Adicione 25 g de açúcar. Deixe arrefecer completamente. Repita a operação novamente. Reserve.

O MERENGUE

3. Preaqueça o forno a 100 °C. Peneire o açúcar de confeiteiro. Em uma tigela, bata as claras em neve com um batedor de claras. Assim que atingirem o ponto de neve, adicione 40 g de açúcar e bata até ficarem bem firmes. Adicione mais 40 g de açúcar e bata por 1 minuto; despeje o restante do açúcar e bata por mais 1 minuto. Usando uma espátula flexível, incorpore delicadamente o açúcar de confeiteiro peneirado.
4. Despeje a massa do merengue no saco de confeitar munido com o bico. Em uma fôrma tipo tabuleiro forrada com uma folha de papel-manteiga, faça os merengues em forma de tiras. Leve a fôrma ao forno e asse por 2h30. Os merengues devem assar lentamente para ficarem bem sequinhos. Cuide para que não dourem rapidamente. Deixe-os arrefecer. Guarde-os em um recipiente hermeticamente fechado.

O SORVETE DE LIMÃO

5. Utilizando um ralador pequeno, raspe os limões. Em uma panela, ferva a água, o leite em pó, o açúcar e as raspas de limão. Deixe esfriar e adicione o suco de limão fresco. Despeje na sorveteira. Bata o sorvete por 3h antes de utilizá-lo, para que adquira uma boa textura. Você também pode preparar o sorvete de limão com vários dias de antecedência: neste caso, assim que estiver pronto, transfira-o para uma fôrma de gelo e reserve no congelador. Retire-o do congelador 10 minutos antes de utilizá-lo, para que amoleça.

A FINALIZAÇÃO

6. Faça duas bolas de sorvete de limão e as coloque sobre dois pratos.
Decore com algumas fatias de limão cristalizado e alguns merengues e sirva.

Variação

Sugerimos testar também alguns sabores clássicos e combinações inusitadas: vacherin de sorvete de framboesa e pétalas de rosas com merengue de rosas; vacherin de sorvete de cereja e pistache com merengue de pistache; vacherin de sorvete de abacaxi e limão verde com merengue de coco; vacherin de chocolate e kumquat com merengue de cacau; etc.

JANTAR ÍNTIMO

·····

Foie gras de ganso vermelho e negro

Filé de robalo marinado ao suco de grapefruit

Carne de vitela e tenros raviólis recheados com trufas

Torta coração com frutas cítricas

Caramelos macios com chocolate e macadâmia

·····

Foie gras de ganso vermelho e negro

Rendimento: para 2 pessoas
Preparo: 45 minutos
Cozimento: 20 minutos
Refrigeração: 12 horas no mínimo

Para o foie gras
500 g de foie gras de ganso
5 g de sal refinado
2 g de pimenta branca moída
3 macarons de cereja

Para o creme negro
50 ml de creme de leite líquido
2 g de tinta de lula
2 g de sal refinado
2 g de pimenta branca moída

Apresentação
1 macaron de trufa negra Ladurée
3 g de sal marinho
10 g de trufa negra fresca
2 fatias de kouglof Ladurée

O foie gras deve ser preparado no dia anterior.

O FOIE GRAS
1. Retire os nervos dos lóbulos do foie gras e tempere com 5 g de sal e 2 g de pimenta. Divida o fígado ao meio. Amasse e esfarele 3 macarons entre duas folhas de papel-manteiga, reserve. Em uma travessa refratária, coloque a metade do fígado, espalhe-a bem, acrescente uma camada fina de migalhas de macaron, bem como, sobre a outra metade do fígado. Pressione firmemente para alisar a superfície.
2. Coloque a travessa refratária dentro de uma fôrma tipo tabuleiro com água quente e leve ao forno por 20 minutos a 100 °C. Retire a travessa da fôrma e a coloque em uma bacia de água gelada; deixe esfriar por 12 horas no mínimo, na geladeira. Corte o foie gras em fatias de aproximadamente 70 g.

O CREME NEGRO
3. Despeje o creme de leite líquido em uma panela, deixe reduzir em fogo brando até obter uma textura de cobertura. Incorpore a tinta de lula, tempere com sal, pimenta e reserve.

APRESENTAÇÃO
4. Arrume as fatias de foie gras sobre dois pratos. Corte o macaron restante ao meio e coloque uma metade sobre o fígado. Faça um desenho sobre o prato como se fosse um risco com uma gota do creme de tinta de lula e polvilhe com sal marinho.
5. Decore com fatias de trufas frescas e adicione fatias de kouglof torrado.

Recomendações do chef
O foie gras de ganso, proveniente da França ou da Hungria, é um produto mais neutro do que o fígado de pato.

Mantenha o fígado de ganso que restou em uma embalagem hermeticamente fechada ao abrigo da luz, por 3 dias no máximo.

...

Filé de robalo marinado ao suco de grapefruit

Rendimento: para 2 pessoas
Preparo: 15 minutos

---

200 g filé de robalo (pesca de anzol)
1 manga verde
1 talo de salsão, bem verde
5 g de estragão
1 grapefruit rosa
30 ml de azeite de oliva
5 g de lascas de queijo parmesão
1 g de sal marinho
Sal, pimenta branca moída

---

1. Corte o filé de robalo em pequenos cubos de 3 mm e o mantenha na geladeira. Descasque a manga e o talo de salsão e em seguida corte-os em cubos de 3 mm. Pique finamente o estragão e reserve.
2. Descasque o grapefruit; retire os gomos separando-os da membrana branca e da casca, reservando todo o suco que escorrer. Passe a polpa por uma peneira. Reserve na geladeira. Despeje o suco de grapefruit em um recipiente pequeno. Tempere com sal e pimenta. Misture, e incorpore o azeite de oliva.
3. Despeje os cubos de filé de robalo, de manga e de salsão em uma saladeira. Adicione sal, pimenta e regue com o molho de grapefruit. Adicione o estragão picado e misture.
4. Faça o tartare de filé de robalo com um molde retangular de aço inox de tamanho médio. Desenforme e decore com lascas de queijo parmesão, com a polpa de grapefruit e com o sal marinho.

...

Carne de vitela e tenros raviólis recheados com trufa

Rendimento: para 2 pessoas
Preparo: 25 minutos
Cozimento: 1 hora e 20 minutos

---

350 g de carne de vitela
60 g de cebola
60 g de cenoura
1 tomate
10 g de tomilho
40 g de abobrinha

40 g de aipo bola (ou salsão)
100 g de cogumelos Paris
40 ml de azeite de oliva
20 g de trufa negra
20 g de manteiga
1 pacote de massa para ravióli
10 g de sal marinho
Sal, pimenta branca moída

1. Retire os nervos e as aparas da carne de vitela, reservando as aparas. Corte a carne em pedaços de aproximadamente 150 g e a mantenha na geladeira.

O CALDO DO COZIMENTO DA VITELA
2. Coloque as aparas cortadas em pedaços em uma assadeira refratária. Asse em forno preaquecido a 180 °C até obter uma leve coloração marrom (15 minutos). Adicione as cebolas e 20 g de cenoura cortada em cubos, o tomate e o tomilho. Cozinhe por alguns minutos no forno.
3. Despeje tudo em uma panela, cubra com água fria, deixe ferver e cozinhe por mais 50 minutos em fogo médio. Passe por uma peneira e deixe reduzir em fogo baixo até obter um caldo (do cozimento) um pouco espesso.

O RECHEIO
4. Descasque o restante da cenoura, da abobrinha e do aipo bola. Corte-os em cubos pequenos e cozinhe cada legume separadamente em uma panela com água fervente e sal. Conte 2 minutos de cozimento para o aipo e para a cenoura e 1 minuto para a abobrinha. Deixe os legumes arrefecerem em água gelada e depois os escorra. Lave os cogumelos Paris, corte-os em quatro partes e cozinhe-os por 5 minutos em uma frigideira com um fio de azeite de oliva. Tempere com sal, pimenta e despeje em uma saladeira. Adicione os cubos de cenoura, de abobrinha, de salsão e a metade da trufa negra grosseiramente picada. Misture cuidadosamente o recheio obtido.

A CARNE DE VITELA
5. Tempere os pedaços de carne de vitela reservados. Deixe dourar uniformemente em uma frigideira funda quente com um fio de azeite de oliva. Transfira-os para uma travessa refratária, espalhe algumas colheres de chá de manteiga por cima da carne e leve ao forno preaquecido durante 8 minutos a 180 °C. Deixe a carne repousar por alguns minutos no forno aquecido, sob uma folha de papel alumínio.

O RAVIÓLI
6. Espalhe as folhas de massa de ravióli e, usando um pincel, besunte a borda da massa com um pouco de água. Coloque uma colherada de recheio no centro e feche o ravióli dobrando-o sobre si mesmo. Mergulhe os raviólis numa panela grande com água fervente e sal, durante 2 a 3 minutos. Eles estarão cozidos quando começarem a flutuar na superfície da água. Escorra.

Finalização

7. Disponha alguns raviólis em cada prato, adicione um pedaço da carne de vitela e regue com o caldo do cozimento reduzido. Polvilhe com sal marinho e o restante das fatias de trufa. Saboreie.

Recomendação do chef
Você também pode dourar o ravióli em uma frigideira com um fio de azeite de oliva, se preferi-lo crocante.

...

Torta coração com frutas cítricas

Rendimento: para 2 pessoas
Preparo: 20 minutos
Cozimento: 10 minutos + 15 minutos
Repouso: 12 horas

Para a massa doce com amêndoas (450 g)
120 g de manteiga + 20 g para untar a fôrma
70 g de açúcar de confeiteiro
25 g de farinha de amêndoas
1 pitada de sal marinho
1 ovo inteiro
200 g de farinha de trigo + 20 g para a área de trabalho

Para o creme de mel (recheio)
100 g de manteiga
100 g de mel
100 g de farinha de amêndoas
10 g de amido de milho
2 ovos inteiros

Para a cobertura de frutas cítricas
1 laranja
1 grapefruit rosa
Raspas de 1 limão

Material
Uma fôrma de torta com formato de coração
Alguns grãos de feijão
Um saco de confeiteiro com um bico de 10 mm

A MASSA DOCE COM AMÊNDOAS

1. Corte a manteiga em pedaços pequenos e coloque-a numa tigela; amasse para homogeneizá-la. Adicione os ingredientes um por um, certificando-se de misturá-los bem à massa: o açúcar de confeiteiro peneirado, a farinha de amêndoas, o sal marinho, o ovo inteiro, e, finalmente, a farinha de trigo. Misture sem sobrecarregar a massa, somente o tempo necessário para que ela se agregue.

2. Faça uma bola com a massa e a envolva em filme plástico; coloque-a na geladeira por 12 horas. Em uma superfície enfarinhada, estique a massa na espessura de 2 mm e coloque-a na fôma de torta em formato de coração previamente untada com manteiga. Reserve na geladeira.

3. Preaqueça o forno a 170 °C. Enquanto isso, usando um garfo, perfure a massa para evitar que aumente de tamanho durante o cozimento e cubra com um disco papel-manteiga que você deve colocar cuidadosamente cobrindo os cantos e as bordas da fôrma, para que se mantenha durante o cozimento. Coloque os grão de feijão

sobre o papel-manteiga.
Coloque a torta para assar por 10 minutos aproximadamente; a massa ficará parcialmente assada. Remova a torta do forno e deixe esfriar.

O CREME DE MEL
4. Corte a manteiga em pedaços pequenos e coloque em uma tigela grande. Amoleça em banho-maria sem derretê-la, até obter uma consistência cremosa. Em seguida, incorpore os ingredientes seguintes, sucessivamente, tendo o cuidado de misturar bem cada um deles: o mel, a farinha de amêndoas, o amido de milho e os ovos.
5. Usando um saco de confeiteiro com um bico, guarneça a massa da torta até a metade e em seguida leve-a novamente ao forno a 170 °C, durante 15 minutos. Depois de assada, desenforme a torta e deixe-a esfriar completamente.

A COBERTURA DE FRUTAS CÍTRICAS
6. Sobre uma placa de corte, descasque a laranja e o grapefruit, e remova
cuidadosamente a polpa (ou seja, os gomos cítricos sem a membrana branca)
usando uma faca de lâmina fina e flexível.
Disponha harmoniosamente os gomos sobre a torta e polvilhe com um pouco de raspas de limão verde. Saboreie.

Recomendação do chef

Se você tiver um restinho de geleia de laranja no fundo de um pote, espalhe sobre a massa, despeje o creme de mel por cima e leve ao forno.

...

Caramelos macios com chocolate e macadâmia

Peça esta sobremesa em uma loja Ladurée próxima de você.

A arte de receber

•••
Doce loucura
SABORES E TEXTURAS QUE
ENCANTAM OS SENTIDOS

O untuoso foie gras de ganso, a carne tenra do robalo marinado, o ravióli macio como um beijo, a sensualidade regressiva do caramelo macio... Todos os sabores e texturas desse jantar enunciam o amor e o prazer! O cuidado com a textura e com o sabor é muitas vezes esquecido, entretanto, é fundamental, e deve permanecer discreto. Sabores agradáveis e leves, texturas que derretem na boca, fluidas, cores iridescentes e suaves, formas arredondadas. Os cardápios aqui apresentados e elaborados por nós, insinuam de alguma forma um abandono lânguido...

•••
Saber receber
DOCES APETITOSOS QUE ENCANTAM

Para prolongar o prazer da sobremesa, sirva algumas guloseimas: macarons de pétalas de rosas, amêndoas cobertas com chocolate, frutas envoltas em açúcar, etc., que devem ser acompanhadas pelo café. Como trata-se de um jantar a dois, use pratinhos de sobremesa, copinhos de licor, pires, colheres para café mocha, etc. Lembre-se de usar a louça em estilo japonês, que é rica em pequenos recipientes e mini tigelas delicadas, feitas em porcelana translúcida. A escolha do material da louça, a delicadeza e a transparência, também irão contribuir para a magia do momento.

•••
Questão de estilo
GARRAFA DE CRISTAL

Não é pelo motivo habitual – como arejar um vinho jovem ou decantar um vinho antigo – que você servirá o vinho em uma bela garrafa de cristal, mas apenas porque uma bela garrafa ou uma fina jarra lhe dará a oportunidade de fazer gestos mais elegantes. Além dissso, a luminosidade suave do ambiente irá brilhar de forma agradável sobre as curvas do objeto em uso.

A Arte de Receber
LADURÉE
••••

Jantares de inverno

JANTAR CAMPESTRE

• ••• •

Patê assado à moda do campo

Tilápia congelada ao molho de vinho tinto e legumes "esquecidos"

Frutas assadas com arlettes temperadas

• ••• •

Patê assado à moda do campo

Rendimento: para 4 pessoas
Preparo: 40 minutos
Cozimento: 55 minutos
Repouso: 45 minutos

Para o recheio
80 g de foie gras de pato
100 g de peito de pato
30 g de fígado de frango
30 ml de azeite de oliva
10 g de sálvia
10 g de alecrim
200 g de carne de coxa de pato
10 g de gordura de pato
20 g de sal refinado
8 g de pimenta branca moída

Para a massa
8 discos de massa folhada com 12 cm de diâmetro
2 ovos inteiros
100 ml de geleia Maggi

Material
4 fôrmas para patê assado individuais com 10 cm de diâmetro

O RECHEIO
1. Corte o foie gras e o peito de pato em cubos de 1 cm e reserve. Corte o fígado de frango em cubos de 2 cm. Refogue o peito de pato e o fígado de frango em uma frigideira bem quente com azeite de oliva por dois minutos. Escorra e despeje em uma tigela.
2. Desfolhe a sálvia e o alecrim e pique-os finamente com uma faca. Adicione as ervas picadas, os cubos de foie gras, a carne da coxa desfiada e a gordura de pato na tigela com o peito de pato e o fígado de frango refogados. Tempere com sal, pimenta e misture cuidadosamente esse recheio.

O PATÊ ASSADO
3. Coloque um disco de massa folhada no fundo de uma fôrma para patê assado. Adicione 80 g de recheio. Besunte a borda de outro disco de massa folhada com o ovo batido, coloque o segundo disco cuidadosamente sobre o primeiro disco de massa e pressione para obter uma aderência perfeita. Repita a mesma operação com as três fôrmas restantes. Asse em forno preaquecido a 180 °C durante 30 minutos, reduza a temperatura a 150 °C e deixe por mais 25 minutos.

FINALIZAÇÃO
Deixe os patês esfriarem, em seguida faça uma pequena cavidade de 1 cm de diâmetro na base de cada patê, bem no centro, para colocar a geleia Maggi. Deixe repousar no mínimo por 45 minutos antes de servir.

Tilápia congelada ao molho de vinho tinto e legumes "esquecidos"

Rendimento: para 4 pessoas
Preparo: 45 minutos
Cozimento: 20 minutos

125 g de cenoura roxa
250 g de beterraba
125 g de couve-nabo
150 g de maçãs golden
200 g de uvas pretas
½ litro de vinho tinto
50 g de açúcar cristalizado
4 filés de 150 g de tilápia (ou bagre)
10 g de sal refinado
2 g de pimenta branca moída
50 ml de azeite de oliva
20 g de manteiga
2 g de sal marinho

1. Lave e descasque todos os legumes: a cenoura, a beterraba e a couve-nabo. Corte-os em pedaços. Mergulhe-os separadamente em uma panela com água fervente e cozinhe até que fiquem tenros. Deixe esfriar, escorra e reserve.
2. Lave, descasque e corte as maçãs em cubos pequenos. Corte as uvas em quatro partes. Em uma panela, despeje a uva, regue com o vinho tinto, acrescente o açúcar e a maçã cortada em cubos. Cozinhe em fogo baixo até obter uma geleia.
3. Tempere os filés de peixe com sal e pimenta. Aqueça um fio de azeite de oliva em uma frigideira. Coloque o peixe com o lado da pele virado para baixo e doure levemente a carne. Vire o peixe e doure do outro lado em fogo baixo.
4. Derreta uma colher de chá de manteiga em uma frigideira e refogue rapidamente os legumes.
5. Em um prato, coloque os legumes harmoniosamente, ao lado deposite o peixe e enfeite com a geleia de uva feita com vinho tinto. Adicione uma pitada de sal marinho e saboreie.

Recomendações do chef

A tilápia é um peixe de água doce, com uma carne delicada, bastante firme, branca, magra e com espinhas pequenas. Geralmente criada em cativeiro, é vendida durante todo o ano, inteira ou em filés. Os legumes «esquecidos» não são mais tão esquecidos assim. Eles foram bastante utilizados antigamente pelos nossos antepassados e resgatados à atualidade pelos cozinheiros atuais. O legumes propostos nesta receita podem ser substituídos por outros, dependendo da disponibilidade dos produtos, sobretudo no inverno.

Frutas assadas com arlettes temperadas

Rendimento: para 4 pessoas
Preparo: 30 minutos
Cozimento: 15 minutos
Repouso: 1 noite

Para as arlettes temperadas
100 g de massa folhada
100 g de açúcar de confeiteiro
2 g de canela em pó
1 g de anis estrelado em pó

Para as frutas assadas
1 maçã boskoop
1 pera seca (desidratada)
½ marmelo
125 g de uvas pretas
125 g de uvas brancas
30 g de manteiga
40 g de açúcar cristalizado
Suco de 1 limão-siciliano
100 ml de suco de maçã

AS ARLETTES TEMPERADAS
1. Usando um rolo de macarrão, abra a massa folhada com aproximadamente 1 mm de espessura e incorpore a mistura feita com o açúcar de confeiteiro e as especiarias. Corte pequenos círculos com 3 cm de diâmetro. Deixe-os secar durante uma noite ao ar livre.
2. Preaqueça o forno a 200 °C. Coloque as arlettes em uma fôrma antiaderente e leve ao forno por 7 minutos; elas devem ficar macias e caramelizadas. Reserve em um recipiente hermeticamente fechado.

AS FRUTAS ASSADAS
3. Lave cuidadosamente as frutas. Corte a maçã e a pera em 8 pedaços e reserve. Descasque o marmelo e corte-o em fatias finas. Retire as uvas do cacho.
4. Em uma frigideira, derreta a manteiga; assim que começar a espumar, acrescente o açúcar, espere até que atinja o ponto de caramelo e dilua com o suco de limão. Reduza o fogo e coloque as frutas delicadamente dentro do caramelo. Despeje pouco a pouco a metade do suco de maçã.
5. Retire as maçãs e as peras da frigideira após 3 minutos. Deixe os pedaços de marmelo e as uvas por mais 3 minutos, e em seguida retire-os da frigideira. Adicione o suco de maçã restante e deixe reduzir até obter um molho espesso.

FINALIZAÇÃO
6. Disponha as frutas em pratos individuais, cubra com o molho bem quente e coloque 3 arlettes temperadas com especiarias em cada prato. Saboreie.

A arte de receber

•••
Saber receber
COMO SERVIR OS PRATOS?

As travessas ou os pratos já feitos são sempre apresentados a cada convidado pela direita. A sobremesa, no entanto, deve ser servida pela esquerda. Costuma-se não passar determinados pratos como a salada e o queijo.

•••
Boas maneiras
COMO SERVIR O PÃO?

Ele deve ser servido já cortado: em fatias ou em pedaços uniformes cortados na diagonal, dentro de uma cestinha de pão forrada com um guadanapo dobrado. Se possível, a cestinha deve ficar sobre uma mesa lateral. Na mesa, o pão é colocado à esquerda do prato, sobre um pratinho ou diretamente sobre a toalha. Evite, é claro, fazer pelotinhas de pão. Para comê-lo, corta-se um pequeno pedaço com as mãos. Após o queijo, a anfitriã retira discretamente as migalhas de pão que caíram sobre a toalha da mesa.

•••
Dica
A CONSERVAÇÃO DOS TALHERES DE PRATA

Há, obviamente, no comércio toda uma variedade de produtos específicos para a limpeza dos talheres de prata. Mas pode-se também preparar uma bacia de fervente na qual dilui-se um detergente específico para essa finalidade ou ainda utilizar a água do cozimento do espinafre ou das batatas, ou então fazer uma mistura de álcool com um pouco de pó de giz. Em todos os casos, depois de limpar você deve polir o objeto com um pedaço de camurça. E, sobretudo, mantenha-o ao abrigo da luz. Para isso, confeccione bolsos de feutro ou embale os talheres planos com papel de seda escuro: essas precauções irão evitar a oxidação prematura.

JANTAR PARISIENSE

·••··

Creme de abóbora com amêndoas

Frango capão com mel de pinheiro e folha de figo

Macaron de castanhas

Torta de chocolate com laranja

·••··

Creme de abóbora com amêndoas

Rendimento: para 4 pessoas
Preparo: 20 minutos
Cozimento: 1 hora

800 g de abóbora tipo moranga
80 g de cebola
200 ml de creme de leite batido
20 ml de azeite de oliva
1 g de noz-moscada
12 g de sal refinado
2 g de pimenta branca moída
10 g de massa de amêndoas (ou marzipan)
10 g de amêndoas em lâminas

1. Descasque, retire as sementes e pique grosseiramente a abóbora. Descasque as cebolas e corte-as em cubos. Em uma panela, coloque o azeite de oliva e a cebola cortada em cubos. Deixe suar por 2 minutos e adicione a abóbora em seguida. Deixe cozinhar por 5 minutos, junte a noz-moscada e cubra com água. Tempere com sal, pimenta e deixe ferver em fogo baixo por 1 hora.
2. Verifique o cozimento, escorra e misture. Dilua adicionado lentamente o caldo escorrido. Junte a massa de amêndoas. Misture até obter um creme liso e pastoso.
3. Espalhe as amêndoas em lâminas sobre uma fôrma tipo tabuleiro e toste-as em forno preaquecido a 160 °C durante 7 minutos.
4. Despeje o creme de abóbora em uma bela sopeira e polvilhe com as amêndoas tostadas.

Recomendação do chef
Propusemos esta receita com abóbora moranga, entretanto qualquer outra variedade de abóbora pode ser utilizada: abóbora menina, abóbora goianinha, abóbora japonesa, abóbora tipo caravela etc.

Frango capão com mel de pinheiro e folha de figo

Rendimento: para 4 pessoas
Preparo: 40 minutos
Cozimento: 55 minutos

600 g de batata
20 g de sal
10 g de pimenta branca moída
50 g de farinha de trigo
2 ovos inteiros
50 g de farinha de rosca
1 frango capão de 2 kg (sem os miúdos)
Sal, pimenta branca moída
10 g de tomilho

1 folha de louro
30 g de mel de pinheiro
2 folhas de figo
1 litro de óleo de amendoim para fritar

1. Em uma tigela funda, junte a batata, o sal, a pimenta e em seguida faça bolinhos de batata com aproximadamente 25 g cada um. Passe-os várias vezes na farinha de trigo, nos ovos batidos e na farinha de rosca. Reserve na geladeira.
2. Preaqueça o forno a 200 °C. Verifique se o frango capão está totalmente sem os miúdos. Tempere-o por dentro e por fora com sal e pimenta. Adicione um pouco de tomilho e uma folha de louro. Besunte a ave com mel e a envolva nas folhas de figo. Coloque em uma travessa refratária e leve ao forno.
3. Inicie o cozimento pondo o frango capão de lado, sobre uma coxa. Cozinhe durante 15 minutos e regue ocasionalmente com o caldo do cozimento. Usando um garfo, vire-o sobre a outra coxa durante 15 minutos.

Endireite o frango, coloque-o virado de costas, despeje no fundo da assadeira 20 ml de água e finalize o cozimento com 25 minutos no forno a 160 °C. Dessa forma, o frango capão será cozido uniformemente, inclusive as coxas e o peito.
4. Verifique o cozimento da ave virando-a sobre um prato: o caldo que escorrer deverá ser claro, sem vestígios de sangue. Despeje o caldo do cozimento na assadeira. Mexa e passe-o em uma peneira. Coloque-o em uma panela, retire a gordura e deixe reduzir em fogo baixo até obter uma consistência de molho.
5. Mergulhe os bolinhos de batata em uma fritadeira com óleo a 160 °C e frite por 3 minutos: eles devem adquirir uma leve coloração marrom.
6. Em uma travessa bonita, coloque o frango capão no centro e em volta disponha os bolinhos crocantes de batata. Sirva o caldo do cozimento em uma molheira.

Recomendação do chef

Para preparar a massa do bolinho de batata: em uma travessa refratária, faça uma camada de sal grosso. Lave as batatas, com um garfo perfure-as e coloque-as sobre o sal grosso. Leve-as ao forno a 170 °C durante 1 hora. Verifique o cozimento através da punção da ponta de uma faca. Se não houver resistência, as batatas estarão cozidas. Corte-as ao meio e, utilizando uma colher, retire a polpa. Passe a polpa da batata por um triturador de legumes ou amassador de batatas: a polpa da batata estará pronta.

•••

Macaron de castanhas

Peça esta sobremesa em uma loja Ladurée próxima de você.

Torta de chocolate com laranja

Rendimento: para 4 pessoas
Preparo: 1 hora e 15 minutos
Cozimento: 12 minutos
Repouso: 3 horas

Para o brownie com laranja
110 g de manteiga
70 g de chocolate com 65% de cacau
2 ovos inteiros
50 g de açúcar cristalizado
60 g de farinha de trigo
50 g de cubos de laranja cristalizada

Para a ganache de laranja
200 ml de suco de laranja
50 ml de creme de leite líquido
250 g de chocolate com 65% de cacau
40 g de manteiga

Para a cobertura de chocolate amargo
80 ml de creme de leite líquido
40 ml de leite integral
20 g de açúcar cristalizado
100 g de chocolate com 65% de cacau
20 g de manteiga
Alguns cubos de laranja cristalizada e trufas de chocolate para a decoração

Material
Uma fôrma de torta antiaderente com 20 cm de diâmetro

O BROWNIE COM LARANJA

1. Derreta a manteiga e o chocolate em banho-maria. Em uma tigela, misture vigorosamente os ovos e o açúcar, até que a mistura fique esbranquiçada. Adicione delicadamente a farinha de trigo peneirada e em seguida a manteiga e o chocolate derretidos. Finalize com os cubos de laranja cristalizada.

2. Preaqueça o forno a 170 °C. Despeje a massa do brownie na fôrma e leve ao forno por 12 minutos. Deixe arrefecer lentamente na fôrma.

A GANACHE DE LARANJA

3. Em uma panela pequena, ferva o suco de laranja e o creme de leite; despeje essa mistura sobre o chocolate finamente picado e misture delicadamente com uma espátula de silicone, fazendo pequenos círculos partindo do interior para o exterior da panela. Verifique a temperatura da mistura, que deve estar em torno de 50 °C. Assim que atingir essa temperatura, adicione a manteiga cortada em cubos pequenos.

4. Despeje a ganache de laranja diretamente na fôrma de brownie. Reserve na geladeira por 2 horas e em seguida coloque no congelador durante 1 hora.

Passe uma faquinha ao redor do bolo antes de desenformá-lo e o mantenha no congelador.

A COBERTURA DE CHOCOLATE AMARGO

5. Em uma panela pequena, ferva o creme de leite, o leite e o açúcar e despeje essa mistura sobre o chocolate finamente picado. Adicione a manteiga e misture. Deixe esfriar.

6. Coloque uma grelha sobre uma fôrma tipo tabuleiro bem limpa. Assim que a cobertura estiver morna, retire o bolo do congelador e coloque-o sobre a grelha. Cubra imediatamente o bolo inteiro com o glacê, usando uma concha. Utilize uma espátula para acabar de espalhar a cobertura e alise a superfície. Deixe endurecer por 2 minutos. Deslize a ponta de uma faca entre o bolo e a grelha para levantar ligeiramente o bolo; usando a faca, raspe o excesso de cobertura e coloque o bolo sobre um prato. Decore com pedaços de laranja cristalizada e algumas trufas de chocolate. Saboreie.

50 ml de creme de leite líquido
250 g de chocolate com 65% de cacau
40 g de manteiga

Variação

Você pode preparar esta sobremesa de várias formas! Por exemplo, faça um brownie com frutas vermelhas e uma ganache de chocolate com frutas vermelhas. Para o brownie, basta substituir a quantidade de laranja cristalizada pela mesma quantidade de geleia caseira de frutas vermelhas; o cozimento é idêntico. Quanto à ganache de chocolate com frutas vermelhas, o procedimento é o mesmo, só mudam os ingredientes:
100 g de purê de framboesa
50 g de purê de groselha (cassis)
50 g de purê de amoras

A arte de receber

•••

Serviço de mesa

COMO SERVIR A SOPA?

Prato de sopa ou prato fundo, tigela para caldos, sopeira, colheres de sopa, concha etc. Que seja um caldo, uma sopa, um creme. Cada tipo de sopa requer uma louça específica e mais adequada. Para um jantar um pouco formal, deixe a sopeira sobre a mesa somente o tempo necessário para servir os seus convidados, ou seja, pouco antes de eles sentarem-se à mesa. Tradicionalmente, não se pede para repetir a sopa, mesmo que ela esteja deliciosa!

•••

Dica

PARA MANTER A TRANSPARÊNCIA E A LIMPIDEZ DO CRISTAL

Se a água ficou muito tempo no copo e deixou uma marca formando um anel opaco, para tirá-la, encha o copo com água morna e adicione suco limão ou vinagre branco. Deixe agir por algum tempo, dependendo da quantidade de depósito de calcário que tenha se formado.

Se necessário, repita a operação. Em uma jarra ou garrafa que já esteja opaca, despeje o vinagre branco (eventualmente morno, mas nunca quente) e adicione sal grosso comum. Agite bem a jarra ou a garrafa até que os cristais de sal fiquem diluídos. Em seguida, deixe agir. Repita a operação caso os vestígios de opacidade não sejam apagados. Mas saiba que as garrafas e as jarras antigas que perderam totalmente a sua transparência (e brilho) dificilmente serão recuperadas.

•••

Boas maneiras

QUEM DEVE SE SERVIR PRIMEIRO?

Na mesa, é à convidada de honra que os pratos são apresentados em primeiro lugar, e em seguida às demais senhoras e senhoritas presentes em volta da mesa. Na sequência, é a vez de o convidado de honra e os demais cavalheiros serem servidos. E, por último, serve-se o anfitrião. Para começar a comer, espera-se o sinal feito pela anfitriã, que de sua parte terá esperado para começar após todos terem se servido.

JANTAR DE FRENTE PARA A LAREIRA

· • • • ·

Legumes cristalizados com molho vinagrete

Postas de escamudo-negro com tupinambos

Torta de massa folhada com creme de amêndoas

Macaron com especiarias e frutas vermelhas

· • • • ·

Legumes cristalizados com molho vinagrete

Rendimento: para 4 pessoas
Preparo: 35 minutos
Cozimento: 25 minutos

120 g de cenoura
120 g de salsifi
120 g de raiz de salsa
120 g de nabos amarelos
120 g de beterraba
20 g de manteiga
100 g de echalotas
20 ml de vinagre de vinho tinto
50 ml de azeite de oliva
10 g de sal marinho
10 g de salsa
Sal, pimenta branca moída

1. Lave, descasque e corte os legumes em fatias, tiras, bastões e triângulos. Divirta-se com as cores e formatos.
2. Cozinhe os legumes separadamente, em uma grande quantidade de água fervente. Esfrie-os na água gelada, escorra e reserve.
3. Em uma panela, derreta 20 g de manteiga e coloque os legumes para amornar lentamente. Ajuste o tempero, se necessário.
4. Descasque e pique as echalotas em cubos pequenos. Em uma tigela, despeje o vinagre, adicione o sal e a pimenta. Misture e em seguida incorpore gradualmente o azeite de oliva. Finalize adicionando as echalotas cortadas em cubos.
5. Tempere os legumes com esse molho vinagrete. Polvilhe com sal marinho, decore com raminhos de salsa e sirva.

Recomendação do chef

O azeite e o vinagre são, depois do sal e da pimenta, os aliados indispensáveis da cozinha. Entretanto, escolhê-los tornou-se atualmente um verdadeiro dilema! Assim como para o azeite, que devemos selecionar a variedade (oliva, girassol, trufa etc.) e a técnica utilizada na extração (primeira pressão a frio, extravirgem etc.), para o vinagre também é preciso fazer uma escolha (de vinho, de maçã, vinagre balsâmico etc.). Sinta-se à vontade para misturar os sabores!

Postas de escamudo-negro com tupinambos

Rendimento: para 4 pessoas
Preparo: 35 minutos
Cozimento: 30 minutos

600 g de escamudo-negro (em postas)
500 g de tupinambos
40 g de manteiga
20 ml de azeite de oliva
60 ml de creme de leite líquido
4 g de caviar
2 g de sal marinho
Sal, pimenta branca moída

1. Corte o peixe em postas (pedaços) de 150 g. Tempere com sal, pimenta e reserve na geladeira.
2. Descasque os tupinambos. Coloque a metade em uma panela, cubra com água, ponha o sal e cozinhe em fogo baixo. Após 20 minutos, verifique o cozimento dos tupinambos perfurando-os com a ponta de uma faca. Eles devem estar bem macios. Escorra os tupinambos e coloque-os no espremedor de batatas. Tempere com sal, pimenta e adicione 20 g de manteiga no purê ainda quente.
3. Corte o restante dos tupinambos em fatias de 3 mm de espessura e refogue em uma frigideira com 20 g de manteiga. Tempere com sal, pimenta e reserve.
4. Coloque as postas de peixe em uma travessa refratária, regue com azeite de oliva e leve ao forno a 160 °C por 7 minutos.
5. Ferva o creme de leite líquido e deixe reduzir até obter uma consistência de cobertura. Tempere com sal e pimenta.
6. Em cada prato, disponha o refogado de tupinambos em um círculo e coloque uma colher de purê de tupinambos em cima. Adicione uma posta de peixe assado e regue com o creme reduzido. Polvilhe com o caviar e o sal marinho e saboreie.

Torta de massa folhada com creme de amêndoas

Rendimento: para 6 pessoas
Preparo: 1 hora
Cozimento: 1 hora
Repouso: 9 horas e 30 minutos

Para a massa folhada (1 kg)
10 g de sal marinho
250 ml de água
75 g de manteiga + 400 g
500 g de farinha de trigo + 20 g para a área de trabalho

Para o creme de amêndoas
200 g de manteiga
200 g de açúcar de confeiteiro
200 g de farinha de amêndoas
20 g de amido de milho
4 ovos inteiros + 1 ovo para dourar a massa
2 colheres (de sopa) de rum

Material
Um saco de confeitar guarnecido com um bico de 10 mm
Um pincel de pastelaria

A MASSA FOLHADA

1. Dissolva o sal marinho na água à temperatura ambiente. Em uma panela pequena, derreta 75 g de manteiga em fogo baixo. Em uma tigela, despeje a água previamente salgada na farinha de trigo e em seguida adicione a manteiga derretida. Misture com a ponta dos dedos, apenas o tempo necessário para homogeneizar a massa, sem trabalhá-la muito.

2. Junte a massa e lhe dê o formato de um quadrado de 15 cm. Cubra-a com filme plástico e coloque na geladeira por 1 hora, para firmar.

3. Coloque 400 g de manteiga sobre uma folha de papel-manteiga. Usando um rolo de massa, amasse-a e a amoleça. Com a ajuda da folha de papel-manteiga, dobre a manteiga sobre si mesma e continue amassando-a para amolecê-la. A manteiga deve ficar com a mesma textura da massa. Faça um quadrado de 15 cm.

4. Abra e espalhe a massa até obter um quadrado de 30 cm; em seguida, coloque a manteiga no centro da massa, na diagonal. Envolva-a dobrando os quatro cantos (as pontas) da massa em direção ao centro, de forma a cobri-la. Após ter envolvido a manteiga na massa, estenda esse quadrado de massa sobre uma superfície de 60 cm e em seguida dobre-o em três partes. Gire a massa dobrada, dobre-a sobre ela mesma e a estenda novamente para o outro lado (num outro sentido), sempre sobre uma superfície de 60 cm, e dobre-a novamente em três partes.
Cada vez que você dobrar a massa em três partes, você deve girá-la; dessa forma, dê no total 6 voltas. Deixe a massa repousar na geladeira por 2 horas a cada duas voltas. Após dadas as seis voltas, deixe a massa descansar por pelo menos 2 horas na geladeira; o ideal é deixá-la repousar durante uma noite. Mantenha na geladeira até o momento de utilizá-la.

O CREME DE AMÊNDOAS

5. Corte a manteiga em pedaços pequenos e coloque-a em uma tigela grande. Amoleça em banho-maria sem derretê-la, até obter a consistência de um creme.
Em seguida, misture os outros ingredientes, sucessivamente, tendo o cuidado de misturar bem cada um deles: o açúcar de confeiteiro, a farinha de amêndoas, o amido de milho, os 4 ovos e o rum.

A MONTAGEM E A FINALIZAÇÃO

6. Em uma superfície enfarinhada, usando um rolo de macarrão, abra a massa folhada com aproximadamente 5 mm de espessura. Em uma cartolina, desenhe um círculo de 22 cm de diâmetro e corte-o; posicione a cartolina cortada sobre a massa e, usando uma faca, corte em volta do círculo, tomando cuidado para seguir o modelo de papel.

Em uma outra cartolina, desenhe um círculo de 20 cm de diâmetro; corte-o, coloque-o também sobre a massa e corte um segundo círculo de massa. Deixe os dois discos de massa folhada repousarem na geladeira por 2 horas.

7. Coloque o disco de massa de 20 cm em uma fôrma tipo tabuleiro. Usando o saco de confeitar com o bico, guarneça o disco com o creme de amêndoas, cobrindo-o até cerca de 2 cm da borda.

Com um pincel pequeno, besunte com água fria os 2 cm de massa descoberta. Cubra com o disco de massa de 22 cm, pressione as bordas dos dois discos uma sobre a outra e faça pequenas incisões na borda da massa folhada, apertando uma folha contra a outra.

Deixar repousar por 30 minutos; em seguida, com as costas de uma faca pequena, desenhe sobre toda a superfície ¼ de círculos a partir do centro da massa para fora.

8. Preaqueça o forno a 200 °C. Besunte a massa com um ovo batido. Leve ao forno e asse por 20 minutos a 200 °C, e depois por mais 40 minutos a 170 °C. Deixe esfriar e sirva.

Variação

Você pode personalizar a torta fazendo somente a receita da massa folhada, levar ao forno os dois discos, sobrepostos (o mesmo processo da receita acima), sem guarnecê-los com o creme de amêndoas. Você terá uma «torta seca». Após esfriar, corte-a ao longo da espessura e a preencha com o recheio da sua preferência, como uma geleia ou um creme.

...

Macaron com especiarias e frutas vermelhas

Peça esta sobremesa em uma loja Ladurée próxima de você.

A arte de receber

...
Decoração

CRIE UMA ATMOSFERA DE INVERNO

Se você tiver uma lareira, faça um fogo de lenha. Algumas essências ricas em resina ou em óleos essenciais crepitam divinamente (cipreste, louro, azinheira etc.).
Caso contrário, acenda com uma hora de antecedência uma vela perfumada, para aromatizar o ambiente. Lembre-se dos arranjos florais de inverno: a simples presença de um ramo de conífera exala um agradável perfume de bosque.

...
Dica

LAVAR OS COPOS DE CRISTAL

Para lavar os copos de cristal, evite a máquina de lavar louça, a menos que você faça uma lavagem contendo apenas copos, que você utilize um produto e um programa específico e tenha o cuidado de colocá-los na máquina evitando o atrito de uns contra os outros. O ideal é lavá-los à mão em água morna ensaboada. Nunca use água quente para não correr o risco de quebrá-los e não coloque vários copos de uma vez em uma bacia.
Depois de tê-los ensaboado, seque-os com um pano de prato de algodão. Se colocá-los sobre uma superfície dura para escorrer, forre a superfície ou o escorredor com um pano de prato limpo dobrado.
Ele amortecerá o atrito. O fundo estreito das taças tulipas e de outros copos com essa mesma característica deve ser limpo com uma escova lava-copos pequena.

...
Serviço de mesa

JANTAR À LUZ DE VELAS

No inverno, a iluminação feita com velas faz o mundo ficar mais bonito e mais aconchegante. Sobre a mesa, opte por velas mais baixas para evitar que as chamas fiquem no nível dos olhos, algo muito desagradável, ou inversamente, mas pela mesma razão, velas mais compridas fixadas em elegantes castiçais. Essas velas nunca devem ser perfumadas. Acenda-as alguns minutos antes do início da refeição.

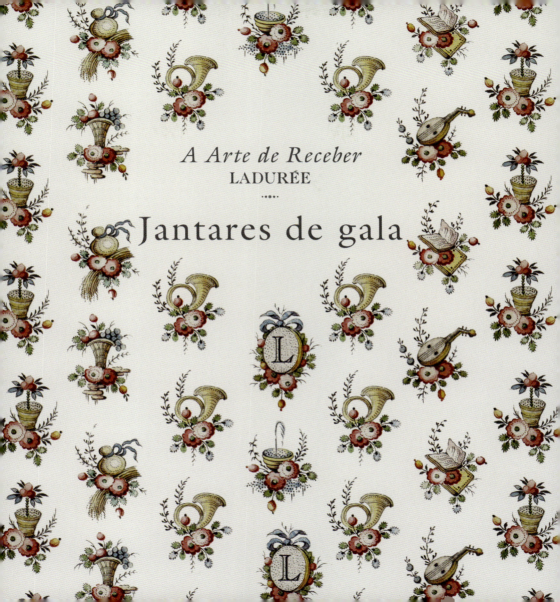

A Arte de Receber
LADURÉE

Jantares de gala

JANTAR DIPLOMÁTICO

••••

Cupcakes de foie gras de Landes

Raspadinha de tomate, vodka e legumes verdes

Filé-mignon com cogumelos morilles e madeleines de batata

Massa crocante recheada com queijo de cabra e mel

Savarin (bolo em forma de coroa guarnecido com creme ou chantilly)

Pirâmide de chocolate com macarons dourados

••••

Cupcakes de foie gras de Landes

Rendimento: para 8 pessoas
Preparo: 35 minutos
Cozimento: 40 minutos
Refrigeração: 12 horas no mínimo

Para o foie gras
1 lóbulo de foie gras de Landes de 500 g (sem nervos)
5 g de sal refinado + 6 g
2 g de pimenta branca moída + 1 g
100 g de creme de leite espesso

Para os cupcakes
200 g de farinha de trigo
10 g de fermento em pó
4 ovos inteiros
200 g de manteiga fresca
100 g de creme de leite espesso
5 g de sal refinado
10 g de sal marinho para a finalização

Material
Um saco de confeiteiro guarnecido com um bico canelado (ou pitanga) de 10 mm
8 fôrmas para cupcakes

O foie gras deve ser preparado no dia anterior.

O foie gras
1. Tempere o foie gras com sal refinado e pimenta. Coloque-o em uma terrina (fôrma refratária), pressione vigorosamente e alise a superfície.
2. Coloque a terrina em uma fôrma tipo tabuleiro com água quente; leve ao forno por 20 minutos a 100 °C. Retire a terrina da assadeira com água quente e a coloque dentro de uma bacia de água gelada; deixe esfriar por 12 horas na geladeira, no mínimo.
3. Junte o foie gras cozido e o creme de leite espesso no liquidificador. Bata até obter uma textura leve, cremosa e lisa. Despeje esse creme no saco de confeitar com o bico. Leve à geladeira.

Os cupcakes
4. Em uma tigela, misture a farinha de trigo e o fermento. Faça uma cavidade no meio da farinha, adicione os ovos, a manteiga derretida, o creme de leite e o sal. Mexa continuamente até obter uma massa leve. Despeje a massa até preencher ¾ das fôrmas de cupcakes e asse por 15 minutos no forno preaquecido a 180 °C. Deixe esfriar.

Finalização
5. Corte e retire a parte superior dos cupcakes (aproximadamente ¾ da sua altura) e os esvazie. Usando o saco de confeitar com o bico, recheie generosamente a massa oca dos cupcakes com o creme preparado com o foie gras. Polvilhe com sal marinho e saboreie.

Raspadinha de tomate, vodka e legumes verdes

Rendimento: para 8 pessoas
Preparo: 35 minutos
Cozimento: 20 minutos
Repouso: 24 horas

800 g de tomate
800 ml de água
60 g de açúcar cristalizado
30 ml de vodka
Sal, pimenta branca moída
80 g de vagem
80 g de ervilha-torta
200 g de ervilhas
10 g de sal marinho
30 ml de azeite de oliva

A raspadinha deve ser preparada no dia anterior

1. Mergulhe os tomates por alguns segundos em uma panela com água fervendo. Esfrie-os logo em seguida em uma mistura de água fria e gelo. Escorra, descasque-os e corte-os em oito partes. Retire as sementes de cada pedaço de tomate, reservando-as. Corte a polpa dos tomates em cubos de 3 mm e reserve.
2. Bata as sementes de tomate até obter um purê (tipo suco espesso). Passe-o por uma peneira e só mantenha o suco. Despeje esse suco em um recipiente que possa ir ao congelador. Adicione o açúcar, a água e a vodka. Tempere com sal e pimenta a gosto e reserve no congelador. Após 2 horas, retire o recipiente do congelador e raspe o conteúdo com um garfo. Repita essa operação 4 ou 5 vezes. Coloque o recipiente novamente no congelador.
3. No dia seguinte, em uma panela de água fervente com sal, cozinhe os legumes separadamente. Deixe-os esfriar e os escorra. Despeje-os em uma tigela e tempere novamente, se necessário.
4. Divida a raspadinha em copinhos ou taças previamente geladas, acrescente os tomates cortados em cubos temperados com sal marinho e azeite de oliva, e, em seguida, a mistura de legumes verdes. Sirva imediatamente.

Recomendação do chef
A raspadinha é normalmente servida entre dois pratos, ou seja, no meio da refeição. Propomos aqui que ela sirva como uma entrada, extremamente refrescante e por isso muito indicada e agradável no verão, e que vai reativar o paladar dos convidados.

Filé-mignon com cogumelos morilles e madeleines de batata

Rendimento: para 8 pessoas
Preparo: 45 minutos
Cozimento: 35 minutos

1,7 kg de filé-mignon
10 g de sal refinado
2 g de pimenta branca moída
100 g de cogumelos morilllles frescos
100 g de manteiga
400 g de batatas amassadas
3 ovos inteiros
200 ml de leite semidesnatado
5 g de fermento em pó
10 g de sal marinho

1. Tire os nervos da carne e corte-a em pedaços de 150 g, aproximadamente. Tempere com sal e pimenta.
2. Lave bem os cogumelos em água fria e os ferva em uma panela com água previamente salgada. Escorra-os após a primeira fervura e reserve.
3. Em uma frigideira, refogue a carne com 20 g de manteiga. Doure-a levemente e prossiga o cozimento em forno preaquecido a 180 °C, por 4 a 8 minutos, dependendo do grau de cozimento desejado.
4. Despeje a manteiga que sobrar da carne em uma panela, adicione os cogumelos e deixe cozinhar em fogo baixo por 6 minutos. Tempere com sal.
5. Em uma tigela, coloque a batata amassada e adicione sucessivamente os ovos, o leite, o fermento e o restante da manteiga derretida (80 g). Adicione sal, pimenta e em seguida despeje essa massa em fôrmas para madeleine. Leve ao forno por 15 minutos a 180 °C. Deixe repousar por alguns instantes antes de desenformar.
6. Coloque sobre cada prato algumas madeleines, um pedaço de filé-mignon e cubra com os cogumelos. Polvilhe com sal marinho e saboreie.

Recomendação do chef

Com as aparas da carne, prepare um caldo de cozimento: em uma panela, doure bem as aparas em azeite quente, adicione uma cebola, uma cenoura, um talo de aipo picado e um buquê garni. Regue com água até cobrir, cozinhe durante 30 minutos e passe por uma peneira. Reduza o caldo até obter a consistência desejada.

Massa crocante recheada com queijo de cabra e mel

Rendimento: para 8 pessoas
Preparo: 20 minutos
Cozimento: 20 minutos

80 g de damascos secos
16 discos de massa folhada com 11 cm de diâmetro
8 peças pequenas de queijo de cabra
 tipo Saint-Marcellin
10 g de sal marinho
1 gema
100 g de mel de flores silvestres

1. Lave os damascos e corte-os ao meio no sentido da espessura. Deposite um disco de massa sobre uma superfície plana; coloque no centro da massa a seguinte sequência de ingredientes: metade de um damasco seco, o queijo tipo Saint-Marcellin e outra metade de damasco. Polvilhe com sal marinho. Pincele levemente as bordas da massa com a gema de ovo e cubra com outro disco, pressionando bem as bordas para soldá-las. Repita a mesma operação para os demais discos de massa.
2. Preaqueça o forno a 180 °C. Pincele a parte superior da massa com a gema de ovo, tendo o cuidado para que a gema não exceda as bordas da massa, o que a impediria de crescer uniformemente. Com as costas de uma faca, desenhe sobre a parte superior da massa semicírculos com aproximadamente 3 mm de profundidade, do centro à extremidade, como o desenho de uma flor.
3. Asse a massa recheada com queijo de cabra por 20 minutos até dourá-la. Sirva-a morna coberta com mel e eventualmente acompanhada com uma salada.

Savarin (bolo em forma de coroa com creme ou chantilly)

Peça esta sobremesa em uma loja Ladurée próxima de você.

Pirâmide de chocolate com macarons dourados

Peça esta sobremesa luxuosa em uma loja Ladurée próxima de você.

A arte de receber

•••
Decoração
CUIDE DA DECORAÇÃO DA ENTRADA

Para um jantar excepcional, faça uma decoração igualmente excepcional para recepcionar os seus convidados. Comece pela entrada, colocando um pequeno buquê preso à maçaneta da porta ou uma guirlanda feita com flores grandes, se combinar com o ambiente; deixe algumas velas ao ar livre queimando na varanda; faça uma espécie de toldo acima da porta com um tecido esticado sobre o patamar da escada; etc. Através da decoração, demonstre quão feliz e satisfeita você se sente em receber os seus convidados.

•••
Saber receber
OS PRESENTES OFERECIDOS PELOS CONVIDADOS

O que fazer com as flores, os chocolates e outros presentinhos que recebemos dos convidados logo que chegam? As flores devem ser postas em um vaso, assim que os convidados adentrarem a sala de estar e tenham sido apresentados aos demais convivas. O vaso com as flores que acabamos de ganhar deverá ser colocado na sala de estar ou na sala de jantar.

Para não correr o risco de colocar a anfitriã numa situação embaraçosa, pode-se fazer a entrega das flores no dia seguinte com um cartão de agradecimento ou no dia da recepção, pela manhã. Em relação aos presentes, após desembrulhá-los, coloque-os em algum lugar na sala de estar, depois de ter comentado como os achou encantadores e de bom gosto.

Os chocolates e outros doces que tenham sido oferecidos, por sua vez, devem ser servidos mais tarde, logo após o café.

•••
Serviço de mesa
AS TAÇAS DE VINHO

Na maioria das vezes, cada convidado dispõe de duas taças de vinho colocadas à frente do prato; a menor, ou seja, a taça de vinho branco, deve estar à direita.

Se houver uma taça de champanhe, ela deve ser colocada entre a taça de vinho tinto e a taça de água, ou atrás de todos as taças.

JANTAR DE ANIVERSÁRIO

· • ● • ·

Canelone de salmão com queijo de cabra fresco

Lagosta na folha de alga com cereais

Carne de vitela com trufas e balas
de couve-de-bruxelas

Sobremesa Maria Antonieta

Trufas de chocolate branco com coco ralado

· • ● • ·

Canelone de salmão com queijo de cabra fresco

Rendimento: para 8 pessoas
Preparo: 25 minutos

300 g de queijo de cabra fresco
60 g de raspas de limão verde orgânico
20 g de cebolinha verde + um pouco para a finalização
5 g de sal marinho
2 g de pimenta branca moída
600 g de salmão defumado fatiado
20 ml de azeite de oliva

1. Em uma tigela, junte o queijo de cabra fresco, as raspas de limão, a cebolinha verde picada, o sal marinho e a pimenta branca. Misture e em seguida reserve na geladeira.
2. Corte oito retângulos de salmão defumado espalhando as fatias sobre um filme plástico e deposite uma colher de sopa de queijo de cabra fresco em uma das extremidades. Enrole o salmão em forma de canelone com o auxílio do filme plástico. Repita a operação até formar oito canelones. Você também pode cortar retângulos maiores de salmão e preparar canelones mais longos, que deverão ser cortados, em seguida, em pedaços de 10 cm.
3. Decore os canelones com cebolinha verde e regue com um fio de azeite de oliva. Sirva gelado.

Lagosta na folha de alga com cereais

Rendimento: para 8 pessoas
Preparo: 45 minutos
Cozimento: 40 minutos

Para a lagosta
4 lagostas com aproximadamente 600 g cada
20 g de sal refinado
10 g de tomilho
1 pacote de folhas de alga nori

Guarnição
80 g de lentilhas verdes
80 g de cebola
120 g de cenoura
80 g de semolina para cuscuz
80 ml de água + 80 ml
80 g de trigo para quibe
20 g de sal refinado
7 g de pimenta branca moída

Para a finalização
30 g de manteiga
20 ml de vinagre balsâmico
10 g de salsa
10 g de sal marinho
60 g de limão verde

A LAGOSTA

1. Ferva uma panela grande com água previamente salgada. Adicione o tomilho.
Escalde as lagostas e descasque-as.
2. Separe a cauda, o cotovelo e as pinças (as garras). Envolva a metade da cauda de cada lagosta em uma folha de nori. Reserve na geladeira.

A GUARNIÇÃO

3. Em uma panela com água fria, reúna as lentilhas, a cebola, as cenouras descascadas e cortadas em fatias; deixe ferver. Cozinhe em fogo baixo e verifique o cozimento das lentilhas: elas devem ficar crocantes. Escorra.
4. Coloque a semolina para cuscuz em uma tigela e, em seguida, ferva 80 ml de água quente previamente salgada. Despeje a água quente sobre a semolina para cuscuz, cubra a tigela com filme plástico e deixe crescer por 15 minutos. Misture os grãos de semolina para cuscuz e corrija o tempero, se necessário.
5. Proceda da mesma maneira com o trigo para quibe, repetindo o processo usado com a semolina para cuscuz.

A FINALIZAÇÃO

6. Misture os legumes, a semolina para cuscuz e o trigo para quibe em uma tigela, verifique o tempero e ajuste, se necessário.
7. Em uma frigideira, derreta a manteiga e aqueça lentamente as caudas da lagosta envolvidas com as folhas de algas, os cotovelos e as pinças. Despeje o vinagre balsâmico e conserve o caldo do cozimento.
8. Coloque um aro de aço inox no centro de cada prato, preencha com a guarnição e coloque meia cauda de lagosta, meio cotovelo ou meia pinça. Regue com o caldo do cozimento e decore com raminhos de salsa. Polvilhe com sal marinho e raspas de limão verde.

...

Carne de vitela com trufas e balas de couve-de-bruxelas

Rendimento: para 8 pessoas
Preparo: 50 minutos
Cozimento: 25 minutos

Para as balas de couve-de-bruxelas
600 g de couve-de-bruxelas
40 g de manteiga + 20 g para a carne de vitela
1 pacote de massa folhada filo

Sal, pimenta branca moída

Para a carne de vitela
8 pedaços de 160 g de carne de vitela
10 g de sal refinado
2 g de pimenta branca moída
30 ml de azeite de oliva

Para a finalização
20 g de trufa negra de Perigord
10 g de sal marinho

AS BALAS DE COUVE-DE-BRUXELAS

1. Retire as folhas externas da couve-de-bruxelas. Lave e as mantenha em um pano de prato úmido. Reserve 4 couves para a decoração. Em uma panela com água fervente previamente salgada, coloque a couve para cozinhar até que ela fique macia. Escorra e deixe esfriar.
Derreta 30 g de manteiga em uma panela em fogo baixo e cozinhe a couve-de-bruxelas por 5 minutos. Tempere com sal e pimenta, se necessário. Deixe esfriar.

2. Corte retângulos de massa folhada filo de 10 x 8 cm. Pincele levemente com um pouco de manteiga (10 g) e coloque uma couve-de-bruxelas por pedaço de massa. Enrole a massa sobre si mesma imitando o formato de uma bala. Reserve na geladeira.

A CARNE DE VITELA

3. Tempere os pedaços de vitela com sal e pimenta. Em uma frigideira quente, junte 20 g de manteiga com um fio de azeite de oliva. Coloque os pedaços de carne de vitela e os cozinhe por 3 minutos de cada lado, regando regularmente com o caldo do cozimento.

A FINALIZAÇÃO

4. Enquanto isso, doure as balas de couve-de-bruxelas em forno preaquecido a 160 °C. Contabilize aproximadamente 6 minutos de cozimento para obter uma bela coloração.

5. Em cada prato, disponha 6 balas de couve-de-bruxelas e um pedaço de carne de vitela cortado ao meio. Decore com folhas cruas de couve-de-bruxelas, regue com o caldo do cozimento e polvilhe com lascas de trufas e sal marinho.

•••

Sobremesa Maria Antonieta

Peça esta sobremesa luxuosa em uma loja Ladurée próxima de você.
Sabores: rosa com framboesa, groselha com violeta e pralina de pistache.

Trufas de chocolate branco com coco ralado

Rendimento: 40 trufas, aproximadamente
Preparo: 1 hora
Repouso: 2 horas

300 g de chocolate branco + 500 g para a cobertura de chocolate
100 ml de leite de coco
30 ml de creme de leite líquido
½ fava de baunilha
50 g de coco ralado + 80 g para o revestimento

Material
Um saco de confeiteiro guarnecido com um bico liso de 10 mm

1. Sobre uma fôrma tipo tabuleiro, usando uma faca, pique finamente 300 g de chocolate branco e coloque-o em banho-maria para derreter lentamente. Em uma panela, ferva o leite de coco, o creme de leite e ½ fava de baunilha raspada; despeje esse caldo sobre 50 g de coco ralado. Deixe essa mistura crescer durante aproximadamente 10 minutos. Adicione o chocolate derretido e misture todo o preparo.

2. Despeje a ganache em uma travessa refratária. Cubra com filme plástico e deixe 1 hora na geladeira, para esfriar bem. Retire a travessa da geladeira e mantenha em temperatura ambiente por 30 minutos, para que a ganache adquira uma textura macia, mas firme.

3. Sobre uma fôrma tipo tabuleiro forrada com uma folha de papel-manteiga e usando o saco de confeitar com o bico, faça bolinhas de ganache. Coloque a fôrma na geladeira por 30 minutos para endurecer as trufas.

O PONTO DO CHOCOLATE

4. A confecção do chocolate derretido é bastante técnica. Segue o método simples: usando uma faca, pique 500 g de chocolate branco e coloque-o para derreter em um recipiente em banho-maria. Despeje ¾ dessa massa em uma área de trabalho limpa e seca. Usando uma espátula em ângulo de aço inox, espalhe e recolha o chocolate até ele começar a engrossar. Complete com ¼ do chocolate restante e homogeinize-o bem. O chocolate derretido deve ser usado ao atingir uma temperatura de 26/27 °C.

A FINALIZAÇÃO

5. Mergulhe as bolinhas de ganache no chocolate derretido e enrole-as imediatamente em 80 g de coco ralado. Deixe o chocolate endurecer. Conserve as trufas em um recipiente hermeticamente fechado na geladeira.

JANTAR DE NOIVADO

· · • · ·

Carpaccio de lagosta com rosas

Foie gras de pato e son macaron com trufa negra

Tamboril assado, massa crocante com
legumes verdes, mussarela e verbena

Sobremesa Vendôme

Minitortas com chocolate de Madagascar

· · • · ·

Carpaccio de lagosta com rosas

Rendimento: para 8 pessoas
Preparo: 35 minutos
Cozimento: 3 minutos

Raspas de 1 laranja orgânica
1 cenoura
1 alho-poró (a parte verde)
5 g de sal grosso
2 lagostas vivas com aproximadamente 600 g cada
1 limão verde orgânico
40 g de queijo parmesão
80 g de gengibre
2 pétalas de rosa
40 ml de azeite de oliva
6 g de sal marinho

1. Em uma panela grande, coloque as raspas de laranja, a cenoura descascada e cortada em fatias, o alho-poró e o sal grosso. Cubra com água e deixe ferver.
2. Lave as lagostas e mergulhe-as em água fervente. Cozinhe por 2 a 3 minutos e retire-as da panela. Descasque-as e reserve.
3. Corte as lagostas em fatias finas e as disponha sobre pratos gelados.
4. Regue com suco de limão verde e decore com as raspas de limão, com as lascas de queijo parmesão, com o gengibre cortado em cubinhos e com tirinhas de pétalas de rosa.
Sirva imediatamente adicionando um fio de azeite de oliva e sal marinho.

Foie gras de pato e macaron com trufa negra

Rendimento: para 8 pessoas
Preparo: 45 minutos
Cozimento: 20 minutos
Refrigeração: 12 horas no mínimo

Para o foie gras
500 g de foie gras (sem nervos)
5 g de sal refinado
2 g de pimenta branca moída
3 macarons de trufa negra Ladurée

Para o creme negro
50 ml de creme de leite líquido
2 g de tinta de lula
2 g de sal refinado
2 g de pimenta branca moída

Para a apresentação
20 g de trufa negra fresca
4 macarons de trufa negra Ladurée

3 g de sal marinho
6 fatias de kouglof Ladurée

O foie gras deve ser preparado no dia anterior.

O FOIE GRAS

1. Retire os nervos e tempere o foie gras com sal refinado e pimenta. Divida-o ao meio. Amasse três macarons entre duas folhas de papel-manteiga e reserve. Em uma terrina, coloque uma parte do fígado, espalhe bem, adicione os farelos de macarons e cubra com a outra parte do fígado. Pressione bem para alisar a superfície.

2. Coloque a terrina dentro de uma fôrma tipo tabuleiro com água quente e leve ao forno por 20 minutos a 100 °C. Retire a terrina da fôrma, coloque em uma bacia com água gelada e deixe esfriar por 12 horas na geladeira, no mínimo. Corte o foie gras em fatias de aproximadamente 70 g.

O CREME NEGRO

3. Despeje o creme de leite líquido em uma panela e o reduza em fogo baixo. Você deve obter uma textura de cobertura. Acrescente a tinta de lula, o sal, a pimenta e reserve.

A APRESENTAÇÃO

4. Coloque o foie gras sobre os pratos e decore com fatias de trufas. Corte os quatro macarons ao meio no sentido da espessura e deposite as metades sobre o foie gras. Desenhe um fio de creme negro e polvilhe com sal marinho.

5. Acompanhe com fatias de kouglof torrado apresentadas separadamente.

Recomendação do chef
Para o cozimento em um forno a vapor
Rendimento: para 8 pessoas
Preparo: 45 minutos
Cozimento: 16 minutos
Refrigeração: 5 horas + 1 dia + 6 horas + 4 dias

1. *Tempere os lóbulos de foie gras com 5 g de sal refinado e pimenta. Envolva o fígado em um pedaço de filme plástico, dando-lhe um leve formato oval. Deixe descansar por 5 horas na geladeira. Esfarele 3 macarons entre duas folhas de papel-manteiga e reserve. Divida o foie gras em duas partes no sentido da espessura, deposite uma fina camada de macaron entre as duas metades e, em seguida, junte-as. Envolva bem o fígado em um filme plástico; não hesite em fazer várias camadas, para firmar bem. Deixe o fígado repousar durante um dia na geladeira e depois leve-o ao forno a vapor por 8 minutos em 106 °C. Em seguida, leve à geladeira durante 6 horas.*

2. *Repita a operação de cozimento (106 °C por 8 minutos) e deixe repousar por 4 dias na geladeira. O foie gras pode ser acompanhado de macarons de diferentes sabores, basta seguir o mesmo procedimento descrito acima.*

Tamboril assado, massa crocante com legumes verdes, mussarela e verbena

Rendimento: para 8 pessoas
Preparo: 45 minutos
Cozimento: 20 minutos

Para a massa crocante
70 g de vagem (sem a fibra lateral)
70 g de ervilha-torta
200 g de favas frescas
200 g de ervilhas frescas
40 g de sal refinado
8 folhas de massa brick
40 g de manteiga
50 g de verbena fresca
150 g queijo mussarela

Para o tamboril
1,4 kg de cauda de tamboril
15 g de pimenta branca
20 g de sal marinho + um pouco para a finalização
60 g de manteiga

A MASSA CROCANTE
1. Cozinhe todos os legumes separadamente em um panela com água fervente e sal. Esfrie-os em água gelada, escorra e reserve.
2. Espalhe as folhas de massa brick. Besunte-as com manteiga derretida e coloque no centro da massa, sobrepostas, metade da vagem, das ervilhas, da verbena finamente picada e das favas. Acrescente as fatias de mussarela com aproximadamente 2 mm de espessura e cubra o queijo com os legumes restantes. Feche a massa crocante: ela deve ter a forma de um quadrado de 10 cm.
3. Coloque as quatro unidades de massa crocante em uma fôrma tipo tabuleiro forrada com uma folha de papel-manteiga e deixe dourar no forno preaquecido a 170 °C durante 8 minutos. A mussarela ficará macia, sem amolecer a massa.

O TAMBORIL
4. Lave e corte a cauda do tamboril em pedaços de 150 g, aproximadamente. Tempere com sal e pimenta.
5. Em uma frigideira quente, derreta a manteiga e prepare os pedaços de tamboril regando constantemente com a manteiga por 10 minutos, até obter uma bela coloração. Deixe repousar por

2 minutos antes de cortar cada pedaço ao meio.
6. Em cada prato, coloque uma massa crocante previamente cortada ao meio e disponha harmoniosamente dois pedaços de tamboril. Regue com a manteiga do cozimento e polvilhe com sal marinho.

Recomendações do chef
Peça para o seu peixeiro cortar o tamboril, em nome da praticidade.
Durante a montagem da guarnição (a massa crocante), ao levá-la ao forno, coloque bastante legumes em cima e embaixo da mussarela, para impedir que ela derreta muito rapidamente, em comparação com a massa folhada brick.

•••
Sobremesa Vendôme

Peça esta prestigiosa sobremesa em uma loja Ladurée próxima de você.

•••
Minitortas com chocolate de Madagascar

Rendimento: 24 minitortas
Preparo: 1 hora
Cozimento: 20 minutos
Descanso: 2 horas

Para a massa doce com cacau
200 g de farinha de trigo + 20 g para a área de trabalho e para untar as forminhas
120 g de manteiga gelada + 20 g para untar as forminhas
75 g de açúcar de confeiteiro
25 g de farinha de amêndoas
12 g de cacau em pó
1 pitada de sal marinho
1 ovo inteiro

Para a ganache com chocolate de Madagascar
150 g de chocolate de Madagascar
150 ml de creme de leite líquido
50 g de manteiga em temperatura ambiente

Material
24 forminhas para minitortas com 4 cm de diâmetro
Um saco de confeiteiro munido com um bico canelado

A massa doce de cacau

1. Em uma tigela grande, peneire a farinha de trigo, corte a manteiga gelada em pedacinhos pequenos, adicione o açúcar de confeiteiro, a farinha de amêndoas, o cacau em pó e o sal marinho. Misture tudo com as mãos até obter uma massa com consistência de areia. Quando chegar a esse ponto, adicione o ovo à mistura, trabalhando a massa apenas pelo tempo necessário para torná-la homogênea. Faça uma bola com a massa e a envolva em filme plástico; coloque-a na geladeira durante 1 hora, no mínimo, antes de utilizá-la.

2. Em uma superfície enfarinhada, abra a massa com 2 mm de espessura e coloque-a nas forminhas previamente untadas e enfarinhadas; deixe-as descansar por 1 hora na geladeira.

3. Em uma superfície enfarinhada, abra a massa com 2 mm de espessura e coloque-a nas forminhas previamente untadas e enfarinhadas; deixe-as descansar por 1 hora na geladeira.

A ganache com chocolate de Madagascar

4. Em uma placa de corte, usando uma faca, pique finamente o chocolate e coloque-o em uma tigela grande. Em uma panela, ferva o creme de leite, despeje de uma só vez metade do líquido fervendo no chocolate e misture com um batedor de claras em movimento circular, para emulsionar lentamente o creme com chocolate. Adicione a outra metade restante do líquido e misture da mesma forma. Corte a manteiga em pedaços pequenos e incorpore-a à ganache; misture com uma espátula até obter uma consistência lisa. Deixe esfriar, mexendo regularmente.

5. Quando a ganache começar a ficar firme, utilizando um saco de confeiteiro com o bico, faça pequenas rosetas sobre cada minitorta. Deixe gelar bem e sirva.

Variação

Você pode escolher outro tipo de matéria-prima, e optar por um chocolate da Colômbia, de Gana, do Equador etc.

A arte de receber

...

Doce loucura

UM MORDOMO PARA A NOITE

Já que se trata de um jantar de gala, contrate um serviço extra ou até mesmo uma equipe de profissionais para atuar na sua cozinha para preparar, cozinhar, servir, organizar, arrumar e guardar tudo. Nesta noite, você se sentirá um pouco como uma convidada! Todas as combinações são possíveis dependendo do grau de ajuda que você deseja.

...

Serviço de mesa

OS ACESSÓRIOS BONITOS

Redondos e fundos (para aperitivos, legumes frios, sobremesas etc.) ou redondos e rasos (para tortas salgadas ou doces e bolos), ovais (para carnes e peixes), legumeiras (com uma tampa bem prática para manter os legumes quentes); há pratos para quase todo tipo de comida. Para aspargos, ostras, alcachofras, escargots, caviar e até mesmo ovos mimosa (que já estiveram muito em moda), podemos pensar em pratos específicos. Para completar, é claro, incluímos um pegador ou uma pinça para aspargos, pás para bolos e tortas, garfos para picles e colheres para o molho!

...

Dica

TENHA UM CADERNO DE CONVIDADOS

Anote tudo o que precisa ser lembrado em um caderninho: as preferências alimentares de alguns convidados, as alergias de outros, as datas das recepções, os presentes a serem comprados e ainda algumas informações mais pessoais, como o nome dos filhos dos seus convidados, o local habitual de suas férias etc.
O mais conveniente e prático é fazer um índice alfabético. Você deve registrar todas as informações importantes junto com o nome de cada pessoa.

Índice das receitas

Pratos salgados
Entradas

Entradas

- P. 214 Carpaccio de lagosta com pétalas de rosa
- P. 108 Carpaccio de lagostim com gengibre
- P. 244 Creme de abóbora com amêndoas
- P. 268 Cupcakes de foie gras de Landes
- P. 86 Éclairs (bombas) de alfazema e abacate
- P. 222 Foie gras de ganso vermelho e negro
- P. 214 Foie gras de pato com coração de cerejas
- P. 288 Foie gras de pato e macaron com trufa negra
- P. 77 Gaspacho de legumes
- P. 128 Gaspacho de ervilha e chá verde com menta
- P. 270 Raspadinha de tomate, vodka e legumes verdes
- P. 254 Legumes cristalizados com molho vinagrete
- P. 204 Carolinas salgadas recheadas com berinjela e azeitonas de Kalamata
- P. 98 Patê assado (envolto em massa)
- P. 236 Patê assado à moda do campo
- P. 120 Religieuses de cogumelos silvestres
- P. 64 Salmão defumado com limão caviar
- P. 59 Salmão marinado com cardamomo e hortelã fresca
- P. 76 Terrina de foie gras com trufas
- P. 224 Filé de robalo marinado ao suco de grape fruit

Peixes e crustáceos

- P. 205 Filé de saint-pierre com jasmim e maçã do amor
- P. 89 Bolo salgado de salmão
- P. 205 Canelone "amoreto" com caranguejo e abacate
- P. 278 Canelone de salmão com queijo de cabra fresco
- P. 258 Postas de escamudo-negro com tupinambos
- P. 278 Lagosta na folha de alga com cereais
- P. 291 Tamboril assado, massa crocante com legumes verdes, mussarela e verbena
- P. 130 Salmonete com cenoura e morangos brancos
- P. 238 Tilápia congelada ao molho de vinho tinto e legumes "esquecidos"
- P. 172 Tian de legumes com espetinho de camarão

Carnes e aves

- P. 188 "Piccata" de vitela, limão cristalizado e risoto de macarrão
- P. 244 Frango capão com mel de pinheiro e folha de figo
- P. 110 Filé-mignon assado com purê de batatas azuis e violetas cristalizadas
- P. 215 Filé de pato de Dombes e polenta com pistache
- P. 280 Carne de vitela com trufas e balas de couve-de-bruxelas
- P. 272 Filé-mignon com cogumelos morilles e madeleines de batata
- P. 224 Carne de vitela e tenros raviólis recheados com trufa
- P. 122 Carne de cordeiro com baunilha e compota de maçã
- P. 195 Tartare de filé-mignon com alcaparras de Pantelleria e batata chips

Pratos vegetarianos

- P. 172 Beijo salgado Ladurée
- P. 16 Queijo brie de Melun com amêndoas
- P. 48 Brioches recheados com legumes verdes
- P. 273 Massa crocante recheada com queijo de cabra e mel
- P. 32 Queijo branco com ervas finas
- P. 194 Mont-blanc com tomate
- P. 182 Ravióli de legumes com limão kafir
- P. 184 Suflê de queijo
- P. 185 Torta fina de cogumelos
- P. 96 Terrina de legumes com molho virgem

Ovos

- P. 24 Ovos mexidos com ouriço-do-mar
- P. 32 Ovos cozidos em banho-maria com creme
- P. 58 Ovos de pata (ou de gansa) cozidos com tomate
- P. 96 Ovos de pata (ou de gansa) mimosa
- P. 24 Ovos quentes com trufa negra
- P. 15 Ovos pochê com bacon
- P. 46 Ovos pochê (escalfados) com cogumelos morilles frescos
- P. 66 Omelete com trufas
- P. 12 Omelete Concorde (Omelete Concórdia)

ÍNDICE DAS RECEITAS

Sanduíches
- P. 44 *Club sandwich* com pastrami
- P. 100 *Club sandwich* de pistache-cereja escura
- P. 16 Finger sanduíche com queijo branco e ervas frescas
- P. 64 Finger sanduíche de frango, pepino e queijo fresco
- P. 77 *Mini-club sandwich* de lagosta
- P. 56 Pão surpresa

Saladas
- P. 88 Cesta de legumes crus
- P. 174 Salada real
- P. 194 Salada de salanova e lagosta com sementes de abóbora
- P. 185 Salada de salsola com salmão defumado orgânico

Sobremesas

Doces maiores
- P. 68 Bolo de rosas
- P. 59 Bolo de frutas secas e cristalizadas
- P. 142 Charlote de hortelã e frutas vermelhas
- P. 48 Kouglof com pralinas rosas
- P. 49 Pão de especiarias
- P. 273 Pirâmide de chocolate com macarons dourados
- P. 258 Torta de massa folhada com creme de amêndoas
- P. 111 Religieuses de flor de laranjeira
- P. 189 Saint-honoré de caramelo
- P. 273 Savarin (bolo em forma de coroa guarnecido com creme ou chantilly)
- P. 190 Torta "linzer" de framboesa
- P. 92 Torta de limão
- P. 247 Torta de chocolate com laranja
- P. 131 Torta de pêssego com verbena
- P. 227 Torta coração com frutas cítricas
- P. 218 Vacherin de sorvete de limão com limão cristalizado

Doces menores

- P. 36 Manteiga de chocolate e fatias de pão grelhado
- P. 35 Bostock cítrico
- P. 67 Brioche com cobertura de açúcar granulado
- P. 17 Chaussons de figo roxo
- P. 78 Cupcakes de morango e ruibarbo
- P. 176 Éclair de limão verde e manjericão
- P. 152 Financiers de chocolate
- P. 216 Língua de gato coberta com chocolate
- P. 198 Macarons de melão
- P. 260 Macaron com especiarias e frutas vermelhas
- P. 247 Macarons de castanhas
- P. 178 Macarons de morango com menta
- P. 80 Macarons de menta-anis
- P. 190 Macarons de laranja-maracujá
- P. 292 Minitortas com chocolate de Madagascar
- P. 28 Rabanada e compota de damascos
- P. 155 Biscoito amanteigado de avelã com canela
- P. 196 Tortinhas de morangos silvestres
- P. 160 Tortinhas de chocolate com framboesa
- P. 60 Tarteletes Tatin de manga com especiarias
- P. 284 Trufas de chocolate branco com coco ralado
- P. 92 Telhas de chocolate com aroma de flores

Sorvetes e sobremesas

- P. 156 Creme chantilly de rosas
- P. 156 Creme chantilly de baunilha
- P. 145 Sorvete de cereja com amêndoas
- P. 281 Sobremesa Maria Antonieta
- P. 292 Sobremesa Vendôme
- P. 198 Sorvete de mascarpone
- P. 164 Sorvete de melão

Bebidas e docinhos

- P. 152 Café vienense
- P. 230 Caramelos macios com chocolate e macadâmia
- P. 160 Chocolate frio com laranja
- P. 102 Merengues de rosas e merengues de coco
- P. 140 Milk-shake de rosas
- P. 210 Torrone de rosas

Doces com frutas

- P. 17 Compota de maçãs-ruibardo
- P. 208 Fricassê de cereja e sorvete de pistache
- P. 26 Queijo branco e framboesas
- P. 239 Frutas assadas com arlettes temperadas
- P. 34 Salada de frutas
- P. 175 Sopa de morango com vinho rosé
- P. 124 Verrines de coulis de maracujá, mousse e merengue de coco com palitos de abacaxi

Livro de ouro

LIVRO DE OURO

LIVRO DE OURO

LIVRO DE OURO 313

Vincent Lemains

CHEF CONFEITEIRO

Vincent Lemains é o chef confeiteiro da prestigiosa Maison Ladurée desde abril de 2011. Duas vezes por ano, conforme as estações e as tendências das coleções de moda, ele cria novos sabores e novas cores para as religieuses, os saint-honoré e os macarons e divulga esses doces maravilhosos, nos quais a beleza rivaliza com a qualidade, em um padrão seguido por todas as lojas da Maison Ladurée no mundo.

Michel Lerouet

COZINHEIRO-CHEFE

Michel é o cozinheiro-chefe da França e da Ladurée Internacional. Ele gosta de preparar pratos que vão adquirindo o sabor lentamente e se desenvolvem ao poucos, sem nunca se apressar. Para a Ladurée, ele oferece a sua determinação e a sua experiência, garante a qualidade dos produtos e nos dá o melhor de seu talento.

Agradecimentos

Vincent Lemains agradece a Antoine Bled, por tê-lo auxiliado na realização dos doces e confeitos, bem como aos responsáveis pelos departamentos de chocolate, confeitaria e macarons, ou seja, a Bertrand Bernier, Julien Christophe e Franck Lenoir.

Michel Lerouet agradece a Elizabeth Jimmy, Marianne Delille, Aurélie Ganet, Christophe Mirta, Stéphane Renaud, Yohann Marraccini, Steeve Ildevert, Nicolas Gay, Jean-Pierre Rawotea, Vincent Gadaud e Arnaud Vautier, na qualidade de assistentes.

Ladurée agradece a Hanako Schiano, Agathe Bicart-Sée e Nastasia Brzezinski, pelo trabalho de Comunicação e Marketing Ladurée, a Marie-Pierre Morel e Minako Norimatsu, pelo belo e árduo trabalho, bem como a Lionel Guerpillon do Hotel de l'Abbaye e Au vert et +, pelas flores dos salões Ladurée.

Estilo e decoração

Bandeja do Café da manhã egoísta: Christofle.
Bandeja do Café da manhã a dois: Mis En Demeure; flores: Lachaume.
Prato do Café da manhã em família: Au Bain Marie; flores: Lachaume.
Marcadores de lugar do Brunch chique: Ladurée.
Pratos do Brunch surrealista: Fornasetti; taças: Mis En Demeure.
Pratos do Brunch primaveril: Yves Halard; taças, copos e vaso: Mis En Demeure; apoio para talher «rabanete», borboleta em cerâmica e pássaros: Les Fées; flores: Sol y Flor.
Prato de papel e guardanapo do Piquenique bucólico: Ladurée; copo de papel: Caspari.
Cesta e manta xadrez (à esquerda) do Piquenique fauvista: Old England; guardanapo «pantera» e convite: Caspari; pano de prato xadrez: Les Toiles du Soleil.
Toalha e guardanapo do Piquenique tonificante: Les Toiles du Soleil; prato quadrado e retangular: Caspari; prato, copo e taça de vinho: Tsé Tsé, copo murano: Christophe d'Aboville.
Tijela e jarrinha usada como vaso no Almoço no jardim: Au Bain Marie; marcadores de lugar: Caspari; flores: Lachaume.
Estatueta (busto) do Almoço de domingo: Cire Trudon; manteigueira, taças, copos, coral branco e pratos: Mis En Demeure; cesta de pão: Au Bain Marie; talheres: Christofle; flores: Lachaume.
A «libélula e as borboletas« do Almoço primaveril: Les Fées; prato de platina, tijela e taças: Tsé Tsé; guardanapo: Les Toiles du Soleil; flores: Sol y Flor.
Jogo Americano do Lanche rosa: Christophe d'Aboville; vela: Ladurée; guardanapo: Noël; vaso de prata: Au Bain Marie; flores: Sol y Flor.
Bule de chá, cremeira e açucareiro do Lanche baunilha-café: Au Bain Marie; guardanapo: Noël; flores: Lachaume.
Marcadores de lugar do Lanche chocolate com frutas: Au Bain Marie; talheres: Christofle.
Copos e taças do Bufê de verão: St. Louis; vela: Cire Trudon.
Pratos do Bufê de outono: Hermès; taças: St. Louis; jarra usada como vaso: Mise en Demeure Antiquité; guardanapos: Alexandre Turpault; flores: Lachaume.
Copos longos (âmbar) do Bufê primaveril: Mis en Demeure ; flores: Sol y Flor.

Talheres do Jantar chique: Puiforcat; velas: Cire Trudon; flores: Lachaume.
Copo, flor rosa em cerâmica do Jantar florido: Mis En Demeure; flores: Sol y Flor.
Prato «Romances» GM do Jantar íntimo: Emma Challier; prato, xícara e pires «Romances» PM: Les Fées; copo, prato transparente, borboleta (todos em cristal): Baccarat; copos e taças «Trèfle» e talheres: Christofle; flores: Sol y Flor; guardanapo: Alexander Turpault.
Taças, copos, prato de bolo com pé, saleiro, pimenteiro e sininho do Jantar campestre: Mis En Demeure; talheres: Christofle; vela: Ladurée; flores: Lachaume.
Taças e jarra do Jantar Parisiense: Baccarat; esfera (porta-peruca) e pêso de papel: Mis En Demeure Antiquité; vaso: «pratos floridos» Bernardaud; talheres: Puiforcat; castiçais: Mis En Demeure; flores: Lachaume.
Cardápio impresso do Jantar de frente para a lareira: Ladurée; coruja de madeira, cesta de pão e porta-cardápio: Au Bain Marie; velas: Cire Trudon; taças, castiçais e porta-guardanapo: Mis en Demeure; saleiro e pimenteiro: Christofle; flores: Lachaume.

Toalha de mesa e guardanapos do Jantar diplomático: Alexandre Turpault; castiçais e vaso: Mis En Demeure; taças, decanter e jarra: Baccarat; talheres: Puiforcat; flores: Lachaume.
Taças, jarra e garrafa de vidro do Jantar de aniversário: St. Louis; toalha de mesa e guardanapos: Alexandre Turpault; vaso e prato com borda em ouro: Bernardaud; centro de mesa: Mis En Demeure; flores: Lachaume; talheres: Puiforcat.
Toalha de mesa e guardanapos do Jantar de noivado: Alexandre Turpault; taças: Baccarat; candelabro e vaso: Mis En Demeure; velas e estatueta: Cire Trudon; pratos: Bernardaud; porta-guadanapos, saleiro e pimenteiro: Christofle; talheres: Puiforcat; flores: Lachaume.

ADMINISTRAÇÃO REGIONAL DO SENAC NO ESTADO DE SÃO PAULO

Presidente do Conselho Regional: Abram Szajman
Diretor do Departamento Regional: Luiz Francisco de A. Salgado
Superintendente Universitário e de Desenvolvimento: Luiz Carlos Dourado

EDITORA SENAC SÃO PAULO

Conselho Editorial: Luiz Francisco de A. Salgado
Luiz Carlos Dourado
Darcio Sayad Maia
Lucila Mara Sbrana Sciotti
Luís Américo Tousi Botelho

Gerente/Publisher: Luís Américo Tousi Botelho
Coordenação Editorial/Prospecção: Dolores Crisci Manzano e Ricardo Diana
Administrativo: grupoedsadministrativo@sp.senac.br
Comercial: comercial@editorasenacsp.com.br

Tradução: Márcia Francener
Revisão de Texto: Julie Anne Caldas / TopTexto

Título original
Maison fondée en 1862
LADURÉE
Fabricant de douceurs
Paris
L'art de recevoir

Éditions du Chêne – Hachette Livre

Gerente Editorial/Publisher: Valérie Tognali
Assistente Editorial: Françoise Mathay
Direção Artística: Sabine Houplain com assistência de Claire Mieyeville
Design Gráfico e Produção: Marie-Paule Jaulme
Revisão do Francês: Anne de Bergh e Joyce Briand
Produção: Marion Lance e Antoine Béon
Parcerias e Vendas: Claire Le Cocguen
Fotogravura: APS Chromostyle
www.editionsduchene.fr

Impresso na China

Todos os direitos desta edição reservados à
Editora Senac São Paulo
Rua 24 de Maio, 208 – 3º andar – Centro – CEP 01041-000
Caixa Postal 1120 – CEP 01032-970 – São Paulo – SP
Tel. (11) 2187-4450 – Fax (11) 2187-4486
E-mail: editora@sp.senac.br
Home page: https://www.editorasenacsp.com.br

© Edição brasileira: Editora Senac São Paulo, 2022
Edição original: @ Hachette Livre – (Le Chêne), 2011

Dados Internacionais de Catalogação na Publicação (CIP)
(Simone M. P. Vieira – CRB 8ª/4771)

Lemains, Vincent
A arte de receber / chef confeiteiro Vincent Lemains; cozinheiro-chefe Michel Lerouet; fotografia Marie-Pierre Morel; food design Minako Norimatsu; tradução: Márcia francener. – São Paulo : Editora Senac São Paulo, 2022.

Título original: Ladurée L'Art de Recevoir.
ISBN 978-85-396-3738-6 (impresso/2022)

1. Gastronomia 2. Culinária para festa 3. Receitas
4. Festa I. Lerouet, Michel. II. Morel, Marie-Pierre.
III. Norimatsu, Minako. IV. Título.

22-1712t	CDD - 641.568
	BISAC CKB101000

Índice para catálogo sistemático:

1. Gastronomia : Culinária para festa   641.568
2. Festa : Receitas   641.568